자존감은
그려지는 거야

자존감은 그려지는 거야

아이 자존감 200% 올리는 미술치료 & 감정코칭 로드맵

초 판 1쇄 2025년 01월 21일

지은이 두유진
펴낸이 류종렬

펴낸곳 미다스북스
본부장 임종익
편집장 이다경, 김가영
디자인 윤가희, 임인영
책임진행 김요섭, 이예나, 안채원, 김은진, 장민주

등록 2001년 3월 21일 제2001-000040호
주소 서울시 마포구 양화로 133 서교타워 711호
전화 02) 322-7802~3
팩스 02) 6007-1845
블로그 http://blog.naver.com/midasbooks
전자주소 midasbooks@hanmail.net
페이스북 https://www.facebook.com/midasbooks425
인스타그램 https://www.instagram.com/midasbooks

ISBN 979-11-7355-042-3 03370

값 19,500원

🪶 **미다스북스**는 다음세대에게 필요한 지혜와 교양을 생각합니다.

자존감은
그려지는 거야

아이 자존감 200% 올리는
미술치료 & 감정코칭 로드맵

두유진 지음

미다스북스

그림으로 나를 만나고, 나를 사랑하는 법을 배우다

이 책은 미술 활동과 질문 노트를 통해 자아를 탐색하고 자기 이해를 높이며 자존감을 회복하는 여정을 안내합니다. 저는 27년 동안 초등학교 교사로 재직하며 미술교육과 미술치료를 연구해 왔습니다. 현장에서 학생들의 심리적 문제와 감정적 어려움을 이해하고 이를 돕기 위해 노력해 왔습니다. 미술이 사람의 내면세계를 탐구하고 치유하는 강력한 도구가 될 수 있음을 깊이 믿고 있습니다.

미술을 통한 자기 탐색과 자존감 회복

저는 미술을 단순히 예술적인 창작 활동이 아니라 자신을 이해하고 내면의 감정을 자유롭게 표현하는 중요한 과정으로 보고 있습니다. 책에서는 단순히 그림을 그리거나 색을 채우는 활동을 넘어 자신의 감정과 생각을 시각적으로 표현하며 탐구하는 경험을 제공합니다. 이를 통해 독자는 자신의 감정, 생각, 불안 등을 명확히 인식하고 표현함으로써 내면의 상처를 치유하고 자존감을 높이는 데 도움을 받을 수 있습니다.

미술 활동을 통한 자아 탐구

핵심은 미술 활동과 이를 기반으로 한 질문 노트에 있습니다. 그림을 그리며 자신의 감정을 표현하고 그 과정에서 떠오르는 생각들을 질문 노트에 기록함으로써 자신을 돌아보고 이해하는 시간을 갖게 됩니다. 매일 이어지는 간단한 미술 활동이 쌓여가면서 자신에게 더욱 솔직해지고 놓치고 지나갔던 감정이나 생각들을 새롭게 발견하게 됩니다.

자존감, 그 첫걸음은 '나를 이해하는 것'

자존감은 타인의 평가로 결정되는 것이 아니라 자신을 어떻게 바라보는지에 달려 있습니다. 그림을 그리는 과정에서 자신과 대화를 나누며 이를 통해 자기 자신을 이해하고 받아들이는 방법을 배울 수 있습니다. 자존감을 키우는 것은 곧 자신을 존중하고 사랑하는 여정입니다. 다양한 미술 활동과 질문을 통해 독자가 이 과정을 더욱 깊이 탐구하고 자신과 소통할 수 있도록 돕는 데 이 책의 목적이 있습니다.

미술치료와 자존감의 관계

학교 현장에서 많은 학생들을 지도하며 미술을 통한 정서적 치유의 중요성을 깊이 실감했습니다. 특히, 학생들이 미술 활동을 통해 자신의 감정을 표현하고 그 과정을 통해 내면의 갈등을 해결하는 모습을 보며 미술의 치유적 효과에 대한 확신을 갖게 되었습니다. 미술치료는 감정을 표출하고 스트레스를 해소하며 궁극적으로 자존감을 회복하는 데 중요한 역할을 합니다. 이 책은 미술치료의 개념을 바탕으로 자아를 탐구하고 정서적 어려움을 극복하는 방법을 제시합니다.

그림을 그리는 것, 그 자체의 치유

단순히 미술을 배우거나 실력을 향상하는 것이 목표가 아닙니다. 그림을 통해 자신과 깊이 대화하고 그 과정에서 자아를 발견하며 자존감을 회복하는 데 초점을 맞추고 있습니다. 'Art Therapy'와 'Art in Therapy'의 경계에서 미술을 치료 도구로 활용해 내면의 고통을 직면하고 풀어가는 방법을 제시합니다.

자아 탐색과 자존감 향상

미술 활동을 통해 자아를 탐구하고, 자신을 더 깊이 이해하는 방법을 제시합니다. 각 장의 질문 노트는 그림을 그리며 자신을 돌아보고 자아 존중감을 키우는 데 필요한 가이드 역할을 합니다. 매일의 작은 그림 활동이 쌓여 치유의 여정이 되고, 궁극적으로 자신을 사랑하고 인정하는 힘을 길러줍니다.

'그림 한 점에는 말로 표현할 수 없는 감정이 숨어 있다.'

미술치료는 단순히 색칠하거나 그림을 그리는 과정이 아닙니다. 내면의 깊은 감정을 탐색하고 표현하며 치유하는 여정입니다. 이 과정은 자신을 표현하는 힘이자, 자아를 발견하는 기회를 제공합니다.

교사이자 미술치료사 그리고 미술작가로서 직접 그린 작품에 담긴 메시지와 모티브를 탐구하며 창의적이고 의미 있는 프로그램을 기획하고 제작합니다. 이를 바탕으로 아이가 자신을 이해하고 자존감을 회복할 수 있도록 돕는 특별한 프로젝트를 소개합니다. 그림 속 감정과 상징을 함께 나누며 자존감을 키우는 데 중요한 역할을 하는 과정을 담고 있습니다.

그림을 통해 새로운 관점을 얻고, 그 속에 담긴 의미를 해석하며 자기 자신을 더 잘 이해할 수 있게 됩니다. 미술치료를 통해 감춰진 감정과 생각을 표현하며 자신감을 회복할 기회를 제공합니다. 이는 심리적인 치유와 긍정적인 변화를 이끄는 안내서가 될 것입니다.

아이의 감정과 자존감을 지키는 따뜻한 여정에 함께합니다.

현대 사회에서 아이들을 키우는 일은 점점 더 복잡하고 어렵게 느껴집니다. 특히, 디지털 시대를 살아가는 아이들은 정보의 홍수 속에서 자신의 감정을 제대로 이해하거나 표현하기 어려운 환경에 놓여 있습니다. 이러한 시대적 배경 속에서 부모의 역할은 단순히 양육에 머무르지 않고 아이가 자신의 감정을 건강하게 다룰 수 있도록 돕는 **감정 상담**이 무엇보다 중요해졌습니다.

감정 상담은 아이의 문제를 단순히 해결해 주는 것이 아닙니다. 그것은 아이 스스로 자신의 감정을 이해하고 조절하며 타인과 건강하게 소통할 수 있는 능력을 키우는 과정입니다. 또한, 아이의 **자존감**을 지키고 높이는 일은 그 어떤 교육보다 중요합니다. 자존감은 아이가 삶에서 마주할 다양한 도전과 역경 속에서도 흔들리지 않는 내면의 힘이 되어 주기 때문입니다.

감정코칭과 자존감이라는 두 가지 키워드를 중심으로 아이들이 행복하고 안정된 내면을 갖추도록 돕는 실질적인 방법을 제시합니다. 특히, 부모와 아이가 대화를 통해 서로를 이해하고 성장할 수 있도록 돕는 '**감정코칭 질문지**'를 포함하고 있습니다.

올바른 질문은 아이의 생각과 감정을 끌어내는 강력한 도구입니다. 예를 들어, "그림 속 나의 표정은 어떤 모습인가요?"라는 단순한 질문은 아이가 자신의 감정을 되돌아보고 표현할 기회를 제공합니다. "왜 그 색을 선택했나요?"라는 질문은 감정을 색깔로 해석하며 내면을 들여다보는 힘을 길러줍니다. 이러한 부모의 적절한 질문은 아이의 자존감을 키우고 부모와의 관계를 더욱 깊고 단단하게 만들어 줄 것입니다.

단순한 이론에 그치지 않고 부모들이 일상에서 바로 실천할 수 있는 구체적이고 간단한 방법들을 담아 아이와의 대화 속에서 자존감을 높이고 감정을 이해할 수 있는 길잡이가 되고자 했습니다.

각 꼭지의 제목에 붙은 키워드는 독자가 활동의 성격과 흐름을 쉽게 이해할 수 있도록 도와주는 역할을 합니다. 각 키워드는 다음과 같은 의미를 담고 있습니다.

살펴보기 자신을 탐구하고 내면을 들여다보는 과정입니다. 활동을 시작하기 전, 나와 내 주변을 찬찬히 살피며 새로운 깨달음을 발견하게 됩니다.

표현하기 발견한 감정이나 생각을 창의적으로 그려내는 시간입니다. 그림이나 글 등 다양한 표현 방식으로 자신만의 이야기를 만들어 갑니다.

상상하기 현실의 틀에서 벗어나 자유로운 상상의 나래를 펼칩니다. 이 과정을 통해 더욱 독창적이고 새로운 시각을 경험할 수 있습니다.

연결하기 나 자신과 주변 환경, 혹은 사람들과의 관계를 돌아보며 공감과 소통의 의미를 되새기는 활동입니다.

이 책은 독자가 이러한 키워드의 흐름을 따라가며, 자신만의 내면 여행을 즐기고, 나아가 감정과 창의성을 자유롭게 표현할 수 있도록 안내합니다.

아이의 감정과 자존감을 지키는 여정은 한순간에 이루어지지 않습니다. 그러나 작은 변화와 노력이 쌓여 큰 변화를 만들어낼 수 있습니다. 이 여정이 부모와 아이가 함께 성장하며 행복한 내면을 쌓아가는 데 따뜻한 동반자가 되기를 진심으로 바랍니다.

자존감을 높이는 첫걸음은 자신을 있는 그대로 받아들이고 표현하는 데서 시작됩니다. 이 여정을 통해 치유의 시간을 가지며 서로의 마음에 가까워지는 데 도움이 되길 바랍니다.

2025년 두유진

차례

Part 1.
거울 속의 나를 그리다
Self Portrait Technique

Part 2.
동물 속의 나를 찾아 그리다

Part 3.
내 마음속, 두 가지 감정을 그리다

Part 4.
창문 밖 세상에 비친 나를 그리다
Window Metaphor Technique

Part 5.
살고 싶은 꿈을 그리다
Future Self Projection Technique

거울 속의 나를 그리다

Self Portrait Technique

DuEuGene
Demour

DuEuGene Demour

증명사진처럼 정면을 응시하는 여인.

실내인지 야외인지 모호한 공간에 홀로 앉아 있는 그녀는 익숙한 듯 자연스럽게 주변의 고양이와 강아지 곁에 머물러 있습니다. 하지만 그녀의 고요한 모습은 어딘가 비어 있는 공허함을 담고 있습니다.

기다리는 사람의 부재일까요? 아니면 이미 떠난 이들에 대한 아쉬움일까요? 그녀의 가녀린 어깨는 삶의 무게를 말없이 보여줍니다. 누군가 숄이라도 살포시 얹어주길 바라는 마음이 들 만큼 그 무게는 적막 속 긴장감을 떠올리게 합니다.

그녀를 그리는 동안 나는 끊임없이 그녀와 대화했습니다. 때로는 편안한 친구 같았고 때로는 사랑하는 연인처럼 느껴지기도 했으며 마치 내 자신을 마주한 듯한 순간도 있었습니다.

당신은 이 여인을 마주했을 때 어떤 기억의 상자가 열릴까요?

우리는 각자의 삶에서 나와 주변 풍경을 그리듯 감정과 기억을 담아내며 살아갑니다. 그런 일상에서 우리는 사유하고 머무르며 그 안의 감정과 공간의 중요성을 깨닫습니다.

아이들의 그림 속 장면은 때로 우리 자신을 비추는 거울이 됩니다. 그 그림을 통해 우리는 삶의 의미를 질문하고 내면을 성찰하며 자신을 탐구하는 여정을 시작합니다.

이 책은 바로 그 여정을 함께 나누고자 합니다. 그리고 그 여정에서 발견되는 작은 변화들이 여러분과 아이들에게 따뜻한 위로와 새로운 시선이 되길 바랍니다.

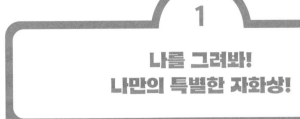

나를 그려봐!
나만의 특별한 자화상!

살펴보기

자화상을 그리는 활동은 미술치료에서 중요한 역할을 하며 그 과정에서 다양한 감정과 내면의 변화를 경험할 수 있습니다. 미술 치료적 효과는 주로 감정 표현, 자기 이해, 그리고 치유적인 변화와 관련이 있습니다. 자화상 그리기를 통해 느낄 수 있는 효과를 구체적으로 살펴보면 다음과 같습니다.

1) 자기 발견과 깊어지는 자아 탐구

자화상은 자기 자신을 바라보고 그것을 시각적으로 표현하는 과정입니다. 이 과정에서 사람은 자기 외모나 내면, 감정 상태 등을 재조명할 수 있습니다. 자화상은 단순히 외적인 모습을 그리는 것뿐만 아니라 현재 자신이 느끼고 있는 감정이나 생각들을 시각적으로 나타낼 수 있는 기회를 제공합니다. 이에 따라 자신을 더 깊이 이해하고 자기 인식의 기회를 얻을 수 있습니다.

2) 감정의 언어를 넘어선 표현과 치유

미술치료에서 그림은 말로 표현하기 어려운 감정을 나타낼 수 있는 중요한 도구입니다. 자화상을 그릴 때 의도치 않게 감추어져 있던 감정들이 표출될 수 있습니다. 예를 들어, 자신이 그림을 그리면서 느끼는 불안, 슬픔, 기쁨, 자존감 등에 대한 감정들이 그림 속에 녹아들 수 있습니다. 이러한 감정들은 외적으로 드러내면서 내면의 갈등이나 스트레스를 해소하는 데 도움이 됩니다.

3) 나를 있는 그대로 사랑하기: 자기 수용과 자존감 향상

자화상을 그리는 과정은 자신을 있는 그대로 받아들이는 경험이 될 수 있습니다. 미술치료에서는 '완벽한 그림'을 그리는 것이 중요한 것이 아니라 자신이 느끼고 경험하는 것을 그대로 표현하는 것이 중요합니다. 자화상을 그리면서 자신을 있는 그대로 받아들이고 그것을 존중하는 경험을 통해 자존감을 높일 수 있습니다. 자신이 그린 자화상을 보면서 '이것이

나'라는 느낌이 들고 자기 자신에 대한 긍정적인 태도를 가질 수 있습니다.

4) 내면의 이야기를 그려내다: 변화의 시각화

그림은 내면의 변화를 시각적으로 표현하는 방법을 제공합니다. 예를 들어, 자화상에 점차 밝은 색이나 긍정적인 이미지를 추가하면서 자신이 경험한 감정의 변화를 나타낼 수 있습니다. 이런 변화는 치료 효과를 증대시키며 내면의 치유와 성장을 촉진할 수 있습니다.

5) 창의력의 확장과 문제 해결의 새로운 길

자화상을 그리는 과정에서 창의력을 발휘하는 것이 중요합니다. 미술치료는 문제를 창의적으로 해결하는 방법을 배울 기회를 제공합니다. 자화상 그리기를 통해 자신만의 독특한 방식으로 문제를 해결하고 그 과정에서 얻은 성취감은 자신감을 높여줍니다.

6) 몰입으로 얻은 휴식: 스트레스 해소와 감정 정리

그림 그리기 자체가 매우 집중적인 활동으로 그것에 몰입하는 동안 일상의 스트레스에서 벗어날 수 있는 기회를 제공합니다. 또한, 그림을 통해 감정을 정리하고 감정의 흐름을 이해하며 내면의 복잡한 감정들을 정리하는 데 도움을 줍니다.

자화상 그리기는 단순히 시각적인 결과물을 만드는 활동을 넘어서 자신을 탐색하고 감정을 해소하며 내면의 변화를 경험하는 중요한 과정입니다. 이를 통해 개인은 자기 이해를 높이고 감정적으로 치유되는 경험을 할 수 있으며 더 건강한 자아를 형성하는 데 이바지할 수 있습니다. 미술 치료적 관점에서 자화상은 자아 존중감을 증진하고 개인의 내면적 갈등을 해결하는 중요한 도구입니다.

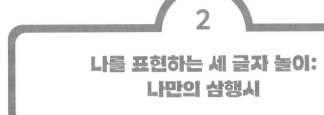

2

나를 표현하는 세 글자 놀이: 나만의 삼행시

표현하기

1) 자화상을 그리고 나서 자기 이름 삼행시를 쓰기

이 활동은 미술 치료적 성격을 강조하는 매우 효과적인 방법이 될 수 있습니다. 자아 탐색, 감정 표현, 자존감 향상과 같은 다양한 측면에서 긍정적인 효과를 발휘하며 내면의 경험을 구체적이고 창의적인 방법으로 표현하는 데 도움을 줍니다. 그림, 글, 상징적 표현을 통해 자신을 긍정적으로 재인식하며 미래의 가능성을 시각적으로 표현하는 창의적인 과정으로 구성됩니다.

주: 주홍빛 노을처럼 예쁘고 따뜻한 내 마음,

하: 하루하루 반짝반짝 더 소중해지고,

연: 연날리기처럼 신나게 나만의 특별함을 만들어가요!

임: 임무를 맡은 것처럼 내 마음에 진심을 담고,

나: 나를 사랑하는 연습을 하면서,

연: 연처럼 하늘 높이 날아오르는 나를 만나요!

강: 강물처럼 찰랑찰랑 흐르는 시간을 지나,

송: 솔방울처럼 귀엽고 희망 가득한 꿈을 품고,

원: 원래부터 특별한 내가 더 빛나고 있어요!

장: 장난감처럼 재미있고 반짝이는 내 마음,

하: 하늘을 닮아 더 높이 높이 올라가고,

경: 경이로운 나의 세상을 향해 웃으며 달려가요!

나: 나는 항상 밝고 반짝이는 별이에요.

영: 영원히 나의 꿈을 키우며 자랄 거예요.

희: 희망을 가슴에 품고 어디든 멋지게 나아가요.

2) 내가 가진 힘과 꿈꾸는 미래를 상상하며 삼행시 시화 그리기

자신의 이름으로 삼행시를 작성하고 이를 그림으로 표현하는 활동은 개인의 강점과 긍정적 자아상을 강화하는 데 효과적인 미술치료 기법입니다. 이 과정을 통해 아이는 미래 지향적 사고와 목표 설정을 시각화하며 긍정적 정서와 내적 동기를 강화할 수 있습니다. 또한, 창의적 표현을 통해 감정의 환기와 자기 표현력이 향상되어 정서적 안정감을 얻을 수 있습니다.

활동 이후 완성된 시화 작품을 감상하면서 아이는 자신이 가진 내적 자원 중 하나가 자기 효능감과 자기 신뢰임을 깨닫게 됩니다. 특히, 미래에 대한 희망과 목표를 향해 나아갈 수 있는 힘을 발견하며 이를 바탕으로 자기 성장을 위한 필요성과 의지를 구체화하게 됩니다.

또한, '나는 이미 멋진 사람이야. 앞으로도 더 멋지게 빛날 거야!'와 같은 긍정적 자기 확언(positive self-affirmation)은 아이의 심리적 회복탄력성(resilience)을 증진하며 긍정적 자아 탐색(positive self-exploration)의 기회를 제공합니다. 이 활동은 아이가 자신의 강점을 재발견하고 자기 수용(self-acceptance)과 자기 존중(self-esteem)을 높이는 데 기여합니다.

삼행시와 시화는 타인과 공유하기 쉬운 형식으로, 공감과 소통의 기회를 제공합니다. 이를 통해 사회적 지지와 연결감을 경험하며 자존감 향상에 중요한 대인 관계의 긍정적 영향을 받습니다.

결론적으로 미술과 언어를 결합한 표현 활동은 정서적 스트레스를 완화하고 자아 존중감을 높이는 데 효과적이라는 연구 결과가 있습니다 (「Cathy A. Malchiodi」 2007). 특히 짧고 완성 가능한 형식은 심리적 부담을 줄이고 긍정적 자아상을 형성하는 데 유리하다고 보고됩니다.

두: 두드림으로 새로운 세상을 열고,

유: 유연한 마음으로 삶을 품으며,

진: 진심으로 나아가는 길을 걷는다.

3

내 안의 빛으로
가능성을 발견해요!

상상하기

KIND · BRAVE

자화상을 활용한 표현 기법은 내면의 감정을 탐구하고 창의적으로 드러내며, 긍정적인 사고를 함양할 수 있는 다채롭고 의미 있는 활동들로 구성됩니다.

1) 미래의 나를 그리는 자화상: 자신이 바라는 미래의 모습을 구체화하고 긍정적인 목표를 설정할 수 있도록 돕습니다.

- 10년 후, 혹은 내가 꿈꾸는 이상적인 나의 모습을 상상합니다.
- 스케치북에 '미래의 나'를 구체적으로 그립니다.

   예: 직업, 표정, 주변 환경 등
- 그림을 완성한 뒤, 자신에게 긍정적인 메시지를 담아 제목을 붙이거나 다짐의 글을 추가합니다.

2) 감정 색으로 채운 자화상: 감정을 시각화하고 긍정적인 에너지를 끌어올립니다.

- 자신의 현재 감정을 떠올리고, 각각의 감정을 특정 색으로 표현합니다.
- 자화상의 외형을 그린 뒤, 얼굴, 옷, 배경 등을 다양한 색으로 채웁니다.
- 긍정적인 감정은 강조하고 부정적인 감정은 밝은색으로 덮어 새롭게 전환합니다.

3) **장점으로 꾸민 나의 자화상:** 자신의 장점을 인식하며 자기 긍정감을 높입니다.

- 스스로 생각하는 장점과 친구, 가족이 말해준 나의 좋은 점을 목록으로 정리합니다.
- 이 장점을 상징하는 이미지나 색깔을 활용해 자화상을 그립니다.
- 완성 후, 장점들을 적어 그림 주변에 붙이거나 캘리그래피로 적어 보며 되새깁니다.

4) **내 안의 동물과 함께하는 자화상:** 자신을 동물에 비유하며 강점과 개성을 발견하고 긍정적 자아상을 형성합니다.

- 자신과 닮았다고 생각하는 동물을 선택하거나 좋아하는 동물을 떠올립니다.
- 동물의 특성을 자신과 결합하여 자화상을 창의적으로 표현합니다.
  예: 사자의 용맹함, 나비의 자유로움 등
- 동물의 특성을 나의 긍정적 자질로 설명하며 이야기 나눕니다.

5) **거울 속 미소 짓는 자화상:** 미소와 긍정적인 표정으로 감정적 안정감을 느끼고 자기애를 높입니다.

- 거울 앞에 앉아 자신의 미소를 관찰하고 마음에 드는 표정을 선택합니다.
- 웃는 표정과 함께 자신의 특징을 살려 자화상을 그립니다.
- 그림에 '내가 좋아하는 나'라는 주제를 붙여 자존감을 표현합니다.

6) **꿈과 희망으로 꾸민 자화상:** 자신의 희망과 꿈을 구체화하고 긍정적인 비전을 형성합니다.

- 꿈과 희망을 상징하는 단어, 색깔, 이미지를 떠올립니다.
- 자신의 자화상을 그리고, 배경과 옷 등에 꿈과 희망의 이미지를 꾸며 넣습니다.
- 나의 미래를 응원하는 긍정적인 문구를 덧붙여 작품을 완성합니다.

이 기법들은 참가자가 자신의 긍정적인 면을 인식하고 창의적으로 표현할 수 있는 계기를 제공합니다. 각 기법을 상황과 대상에 맞게 변형해 적용할 수도 있습니다.

7) 자화상 그리기 후 글쓰기 활동 '내가 가진 힘 찾기'(초등 3학년)

내가 가진 힘: **밝은 마음**

"자화상을 그리면서 내 얼굴을 잘 보게 되었어요. 거울 속 내가 웃고 있는 모습을 보니 기분이 좋아졌어요. 나는 친구들이 힘들어할 때 웃으면서 도와줄 수 있어요. 밝은 마음이 바로 내가 가진 힘인 것 같아요."

내가 가진 힘: **끝까지 해내는 힘**

"처음 자화상을 그릴 때는 잘 못할까 봐 걱정했어요. 하지만 조금씩 그리고 색칠하다 보니 멋지게 완성했어요! 나는 끝까지 포기하지 않고 해내는 힘이 있어요. 이 힘이 나를 특별하게 만들어 준다고 생각해요."

내가 가진 힘: **나만의 특별함**

"내 얼굴을 그리면서 내가 가진 특별한 점들을 다시 알게 되었어요. 나는 웃을 때 보조개가 생기는데, 그게 나만의 멋진 점이에요. 나만의 특별함 덕분에 친구들이랑 더 잘 어울리고 즐겁게 지낼 수 있어요."

내가 가진 힘: **도움을 주는 마음**

"자화상을 그리면서 내 모습을 보니 나도 누군가를 돕는 힘이 있다는 걸 알게 되었어요. 친구들이 어려움을 겪을 때 나는 항상 도와주려고 해요.

이렇게 다른 사람을 도울 수 있는 마음이 내가 가진 힘이에요."

내가 가진 힘: **웃음을 전하는 힘**

"내 자화상을 보니 내가 웃을 때 주변 사람들도 웃는 것 같았어요. 친구들이 힘들어할 때 내 웃음이 그 친구들에게 힘이 될 수 있어요. 나는 웃음으로 친구들과 가족에게 즐거움을 줄 수 있다는 게 나만의 힘이라고 생각해요."

4

가능성을 활짝 열어봐!
나를 믿는 긍정의 힘

연결하기

1) 그림과 글로 만나는 나: 자화상과 이름 삼행시로 그리는 자기 탐색

자화상 그리기와 이름 삼행시 쓰기는 모두 개인이 자기 자신을 인식하고 이해하는 과정에서 중요한 역할을 합니다. 자화상은 자기 외모나 감정을 시각적으로 드러내는 활동으로 이를 통해 자신을 새로운 시각으로 바라볼 수 있습니다. 그 후 자기 이름을 주제로 삼행시를 쓰면 자기 이름에 대한 의미를 되새기며 자신이 가진 특징이나 느낌을 언어로 표현할 수 있습니다. 이 과정에서 자신을 깊이 있게 탐색하고 자기 자신에 대해 더 많은 통찰을 얻을 수 있습니다.

▎자화상은 그림을 통해 무의식적인 감정과 생각을 시각적으로 풀어내는 과정
입니다.

▎삼행시는 자기 이름을 단어나 문장으로 표현하면서 자신에 대한 의미나 특성
을 다시 한번 생각하고, 그것을 긍정적인 방식으로 언어화하는 작업입니다.

▎삼행시에 대한 시화 표현하기는 자신이 가진 자기 효능감과 자기 신뢰를 높이
는 활동입니다.

2) 그림으로 느끼고, 말로 풀어내다: 자화상과 삼행시로 만나는 감정의 언어

미술치료는 감정을 표현하는 중요한 도구입니다. 자화상 그리기 자체가
감정의 시각화이므로 그 후 삼행시를 쓰는 활동은 그 감정을 언어로도 풀
어내는 방법입니다. 자화상에서는 불안, 기쁨, 슬픔, 자긍심 등의 감정들이
그림에 담기는데 삼행시는 그 감정들이 언어로 표현되도록 돕습니다. 특
히, 삼행시는 짧고 간결한 문장으로 감정을 전달하기 때문에 감정을 표현
하는 데 있어 부담 없이 자유롭게 생각을 나눌 수 있는 기회를 제공합니다.

이렇게 언어로 감정을 풀어내면 그림을 통해 드러낸 감정을 더 명확하
게 인식하고 해소할 수 있습니다. 그 과정에서 감정의 흐름을 정리하고 감
정의 명확화와 해소를 경험할 수 있습니다.

3) 내 이름으로 쓰는 칭찬의 시: 삼행시로 만나는 긍정의 나

　자기 이름을 삼행시로 표현하는 활동은 개인이 자기 자신을 긍정적으로 인식하고, 자기 존중감을 높이는 데 중요한 역할을 합니다. 삼행시는 짧은 구절로 자신을 표현하는데 이 과정에서 자신에게 긍정적인 단어와 특성을 부여할 수 있습니다. 예를 들어, '성실한', '희망찬', '용기 있는' 등의 단어를 사용할 수 있으며, 이러한 긍정적인 언어는 자기 인식에 큰 영향을 미칩니다. 자화상 그리기에서 얻은 긍정적인 감정은 삼행시를 통해 더 구체적이고 명확하게 언어로 표현되며 이는 자기 수용을 촉진하고 자아 존중감을 향상시키는 데 도움을 줍니다. 자기 이름을 표현하면서 자기 자신을 칭찬하고 격려하는 경험을 하게 되므로 자존감을 높이는 효과를 기대할 수 있습니다.

4) 말로 그리는 나의 이야기: 이름 삼행시로 빛나는 창의적 표현

　삼행시는 창의력과 언어적 능력을 요구하는 활동으로 언어적 사고와 창의적 표현을 발달시킵니다. 이름을 주제로 한 삼행시를 쓰는 과정은 자신의 성격이나 감정을 단어와 구절로 창의적으로 풀어내는 활동입니다. 이 과정에서 자기 자신에 대한 창의적인 관점을 발견하고, 내면의 다양한 면모를 새로운 방식으로 표현할 수 있습니다. 그림을 통해 이미 시각적으로 나타낸 자기 자신을 삼행시로 언어적으로도 다시 풀어내면서 자기표현의 범위가 확장됩니다.

5) 마음의 색과 글로 만나는 나: 자화상과 삼행시로 그리는 치유의 여정

미술치료의 핵심 중 하나는 심리적 안정과 내면적 치유입니다. 자화상 그리기와 삼행시 쓰기는 모두 내면의 감정을 안전하게 표현하는 방법입니다. 자화상으로 시작한 자기 탐색이 이름 삼행시를 통해 언어적으로도 확장되면 이는 자신을 더욱 잘 이해하고 수용하는 데 도움을 줍니다. 감정을 자유롭게 표현하고 그것을 언어로 정리하는 과정에서 심리적 안정감을 얻고 자신의 감정과 생각을 치유할 수 있는 기회를 제공받습니다.

6) 그림과 글로 나를 바라보다: 자화상과 삼행시로 그리는 마음의 거리

자화상과 삼행시 활동은 모두 자기를 표현하는 방법이지만 그 표현 방법이 다릅니다. 자화상에서는 시각적 형태로 자기 모습을 나타내지만 삼행시는 언어적 방식으로 자기 자신을 표현합니다. 이에 따라 자신에 대해 느끼는 감정이나 생각을 한 차원 더 객관적으로 바라볼 수 있습니다. 즉, 심리적 거리 두기를 통해 자기 자신을 좀 더 객관적으로 보고 그 과정에서 부정적인 감정이나 억압된 감정을 조금 더 안전하게 다룰 수 있습니다.

자화상 그리기와 자기 이름 삼행시 쓰기는 미술치료에서 중요한 활동으로 자아 탐색과 자기표현 감정 해소 자존감 향상 등 다양한 심리적 효과를 제공합니다. 자화상은 시각적인 표현을 통해 자기 내면을 드러내고 삼행시는 언어적인 표현을 통해 감정과 생각을 구체화하는 활동입니다. 이 두 가지 활동은 상호 보완적으로 작용하며 개인이 자기 자신을 보다 잘 이해하고 자기 수용을 촉진하는 데 도움을 줍니다. 이러한 활동은 궁극적으로 개인의 내면적 성장과 치유를 도모하며 미술치료에서 중요한 역할을 합니다.

결론적으로, 이 미술치료 활동은 아이가 자신의 강점과 희망을 시각적 표현과 언어적 표현을 통해 동시에 탐구하도록 돕는 통합적 기법으로 긍정적 변화와 정서적 성장을 촉진하는 효과를 가집니다.

자화상을 그리며 자기 존중감 탐구

자화상을 그리고 나서 그 그림에 관해 설명하기 위한 질문은 아이가 자신의 감정을 잘 표현하고 그림을 통해 자기 자신을 이해하는 데 도움이 됩니다. 이러한 질문은 아이가 그림을 통해 자신을 탐색하고, 그 과정에서 자신감을 얻을 수 있도록 돕습니다.

1. 표정에 관해 설명해 주세요.

- 이 질문은 아이가 그림 속 자신의 감정을 어떻게 표현했는지 생각하게 도와줍니다. 기쁘거나 슬프거나 평화로운 표정일 수도 있고 그 감정이 그림 속에 어떻게 나타났는지 설명할 수 있게 합니다.

2. 어떤 색을 사용했나요? 왜 그 색을 선택했나요?

- 색깔은 감정을 표현하는 중요한 요소입니다. 이 질문을 통해 아이는 자신의 감정 상태나 기분을 색으로 해석할 수 있게 됩니다. 예를 들어, 밝은색은 기쁨을 어두운색은 슬픔을 나타낼 수 있습니다.

3. 그림 속 나를 어떻게 나타내고 싶었나요?

• 이 질문은 아이가 자신을 어떻게 보거나 느끼는지 자화상에서 어떤 특징을 강조하고 싶었는지에 대해 생각하게 만듭니다. 이는 자아 인식과 자기표현의 중요한 부분입니다.

4. 내 자화상에서 어떤 부분이 가장 마음에 드나요? 왜요?

• 이 질문은 아이가 그림에서 긍정적인 부분에 집중하게 하여 자존감을 높이고 그림을 어떻게 개선할 수 있을지 고민하게 만듭니다.

5. 그림 속 나의 자세나 몸짓에 관해 설명해 주세요.

• 자화상에서 몸짓이나 자세도 감정을 나타내는 중요한 요소일 수 있습니다. 아이가 자신을 어떻게 표현했는지 그 자세가 어떤 감정을 의미하는지 설명하게 할 수 있습니다.

6. 자화상에 무엇이 빠졌다고 생각하나요? 추가하고 싶은 것은 무엇인가요?

• 이 질문은 그림에서 빠진 부분을 생각해 보게 하여 자아를 더 잘 표현하는 방법을 탐색하게 만듭니다. 아이가 자아를 어떻게 더 풍부하게 나타낼 수 있을지 고민할 수 있습니다.

7. 그림 속 배경은 어떤 의미가 있나요?

- 배경을 그리면서 아이가 자신에게 중요한 장소나 환경을 떠올릴 수 있습니다. 이 질문을 통해 아이는 자화상에서 배경의 의미를 생각하며 더 넓은 맥락에서 자신의 정체성을 표현할 수 있습니다.

8. 이 그림은 나의 어떤 특징을 가장 잘 보여준다고 생각하나요?

- 아이는 자화상을 통해 자신의 특정한 성격이나 특성을 표현할 수 있습니다. 이 질문을 통해 아이는 자신의 개성이나 강점을 자각하고 그것을 그림으로 어떻게 나타냈는지 돌아볼 수 있습니다.

9. 그림을 그리면서 어떤 감정을 느꼈나요?

- 이 질문은 그림 그리기 과정 자체가 감정을 어떻게 촉발했는지에 대해 아이가 반성하게 합니다. 그림을 그리는 동안 느낀 감정은 그 그림을 이해하는 중요한 열쇠가 될 수 있습니다.

10. 자화상을 그리고 나서 나에 대해 무엇을 알게 되었나요?

- 마지막으로 이 질문은 아이가 자화상을 그린 후 자기 자신을 새롭게 바라보는 기회를 제공합니다. 그림을 그리면서 자신을 다시 한번 돌아보게 하고 자아 인식을 심화시킬 수 있습니다.

1. 표정에 관해 설명해 주세요.

2. 어떤 색을 사용했나요? 왜 그 색을 선택했나요?

3. 그림 속 나를 어떻게 나타내고 싶었나요?

4. 내 자화상에서 어떤 부분이 가장 마음에 드나요? 왜요?

5. 그림 속 나의 자세나 몸짓에 관해 설명해 주세요.

6. 자화상에 무엇이 빠졌다고 생각하나요? 추가하고 싶은 것은?

7. 그림 속 배경은 어떤 의미가 있나요?

8. 이 그림은 나의 어떤 특징을 가장 잘 보여준다고 생각하나요?

9. 그림을 그리면서 어떤 감정을 느꼈나요?

10. 자화상을 그리고 나서 나에 대해 무엇을 알게 되었나요?

생각의 문을 여는 질문 노트

1) 자화상을 그리며 어떤 감정을 느꼈나요?

✦ 우선 재미있었고, 내가 생각보다 그림을 잘 그린다고 느껴져서 더 기분이 좋았어요.

✦ 처음에는 어떻게 그려야 할지 몰라 걱정됐지만, 점점 재밌었어요. 완성하고 나니 뿌듯하고 저

자신이 자랑스러웠어요. 다음에는 더 자신감을 가지고 그려야겠어요.

✦ 자화상을 그리며 좋아하는 것들을 떠올리니, 자연스럽게 미소가 지어졌습니다. 특히 내가 좋아

하는 초록색을 사용하니 마음이 편안해지고 행복했어요.

✦ 소중한 가족을 생각하며 그리다 보니, 감사함이 느껴지고 그림을 완성하고 나니 내가 생각보다

그림을 잘 그린다는 자신감이 생겼고, 스스로 자랑스러워요.

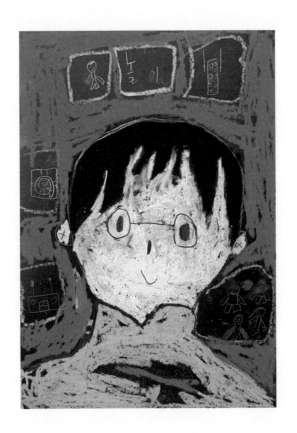

✦ 밝고 긍정적인 성격을 잘 보여준 것 같아요. 특히 웃는 표정과 파란색을 많이 사용한 것이 제 기

분과 정말 잘 맞아요.

✦ 파란색은 차분한 기분이 들어서 좋다. 평화롭고 나의 성격과 잘 어울려요.

2) 그림 속 배경은 나에게 얼마나 중요한가요?

✦ 내가 좋아하는 색깔들로 칠하고 내가 좋아하는 것들을 그리면서 반짝반짝 빛나는 나의 멋진 미

래를 상상했어요.

✦ 그러다 문득 생각했어요. 그림 속에서 내 마음 깊이 간직한 소중한 꿈과 희망들이 빛나고 있는

모습을 보니 내가 정말 멋지고 특별한 사람이라는 걸 새삼 깨닫게 되었어요. '아, 나도 참 대단한

사람이구나!' 하고 말이에요.

✦ 다른 사람들에게는 별로 특별하게 보이지 않을 수도 있지만 제게는 정말 소중한 것들로 가득한 배경이에요. 특히 하늘색은 제 마음속의 밝음과 희망을 보여주는 색이에요. 하늘색을 보면 마음이 환해지고 기분이 좋아져요!

✦ 하늘색은 제 밝고 맑은 모습을 상징하는 색이에요. 앞으로도 하늘처럼 푸르고 밝게 그리고 멋지게 성장할 거예요!

✦ 배경은 나를 보여주는 무대 같아요. 그 안에 내가 가장 행복한 순간들, 웃고 있는 나, 그걸 바라

보는 나 자신이 너무 예뻐요. 내가 이렇게 긍정적이었나?!

✦ 나만의 이야기를 보여주는 나의 자화상을 그리고 나니 미소를 짓고 있어요.

3) 자화상을 그리고 나서 나에 대해 새롭게 알게 된 것은?

✦ 나는 아주 아주 소중하구나. 내가 좋아하는 것이 많구나. 그것을 생각하고 그리면 행복하구나.

✦ 내가 좋아하는 색은 이런 느낌이고, 좋아하는 표정, 좋아하는 아이템들까지 그리면서 자화상을

그리는 시간 내내 내가 더 소중해지는 마법 같은 시간이었어요.

✦ 저는 제 눈이 제일 마음에 들어요! 제 눈은 정말 예쁘고 반짝반짝 빛나요. '내가 이렇게 생겼을

까?'라고 생각하니까, 저는 엄〜청 소중한 사람이라는 걸 알게 되었어요.

✦ 제일 신기했던 건, 자화상을 그리고 나니까 제가 얼마나 엄〜청 소중하고 특별한 존재인지 마

음속 깊이 알게 된 거예요! '와, 나는 정말 대단한 사람이구나'라는 걸 느꼈어요.

✦ 자화상을 그리면서 요리하는 모습을 떠올리고 표현해 보니까 그 순간의 내가 아주 행복한 나라

는 걸 새삼 깨달았어요.

✦ 요리할 때 행복은 내가 가진 특별한 에너지라는 것! 요리를 좋아하고 잘한다는 게 진짜 너무

자랑스러워요.

4) 그림 속 나를 어떻게 설명하고 싶은가요?

✦ 꿈을 이룬 나는 웃고 있어요. 자신감이 뿜뿜 보여요. 나에게 꿈은 중요해요. 자화상을 그리며 알았

어요. 나는 꿈이 여러 가지구나. 그리고 그것이 매우 중요해요.

✦ 꿈이 많다는 건 내가 열정이 크다는 것이고 그 꿈들이 있어서 내 삶도 더 반짝이고 소중한 것 같

아요.

✦ 잘생긴 버전의 나. 밤하늘처럼 멋지고 신비로운 나를 보여줘요.

✦ 이렇게 그려놓고 나니까 딱 "이게 나야! 이런 모습으로 내 안에 멋짐과 가능성이 가득 차 있

어!"라고 말해 주는 것 같아서 더 설레고 자랑스러워요.

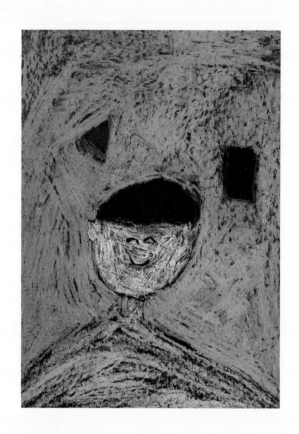

✦ 자화상을 그리면서 저를 찬찬히 돌아보는 소중한 시간이 되었어요. 그림을 그리다 보니 제 모습을 더 자세히 들여다볼 수 있었어요.

✦ 1학기 때와 비교해 보니, 2학기에는 제가 훨씬 더 자주 웃고 있다는 걸 깨달았어요. 그림 속 제 얼굴에 웃음이 가득한 걸 보니까 정말 신기했어요!

✦ 제가 점점 더 긍정적으로 변하고 있다는 걸 느끼면서 너무 기뻤어요. '아, 내가 이렇게 밝아지고 있구나!' 하고 생각하니 마음이 따뜻해졌어요.

5) 어떤 색을 사용했나요? 왜 그 색을 선택했나요?

✦ 검은색은 나한테 우주를 상징해요. 우주 속에서 난 매우 평화롭고 기뻐요. 내가 이만큼 우주에

관심이 많구나…. 라고, 새삼 느꼈어요.

✦ 우주 안에 빛나고 있는 나를 발견했어요. 나의 끝없는 가능성을 알게 해줘요.

✦ 저는 하늘색을 사용했어요. 그 이유는 저도 하늘처럼 높이, 멀리 날아오르고 싶어서예요! 하늘을

볼 때마다 자유롭고 멋진 느낌이 들거든요.

✦ 자화상을 그리면서 제가 좋아하는 것들이 무엇인지 하나씩 알아가게 되었어요. 나를 그리고 나

니까 저 자신이 얼마나 특별하고 소중한 사람인지 느껴졌어요. '아, 나는 참 멋진 사람이구나!' 하

고 생각하게 되었답니다.

✦ 노란색으로 행복을 하나하나 채우는 만큼, 나는 행복으로 가득 찬 웃음과 반짝이는 눈빛으로 변

신해요.

✦ 노랑이 예뻐서 기뻐하는 표정이에요. 내가 제일 좋아하는 색으로 채웠어요. 노란색은 밝고 따뜻

한 느낌이라 제가 좋아하는 색이고 행복을 채우듯이 가득 채웠어요.

6) 그림을 그리면서 어떤 감정을 느꼈나요?

✦ 자화상에 무엇이 빠졌다고 생각했어요. 그건 친구들!

친구들이 빠진 것이 가장 아쉽다고 느꼈어요. 친구들과의 소중한 순간이나 그들에게 전하고 싶은

말들을 그림에 담지 못한 것 같아요.

✦ 그림 속의 나는 '좋은 사람'으로 보이고 싶었지만, 친구들과 함께하는 모습도 추가했더라면 더 풍

성하고 따뜻한 자화상이 되었을 것 같아요.

✦ 단연코 귀엽고 사랑스러운 뽀짝 토끼 같은 기분이었어요! 노란색처럼 환하고 따뜻한 감정이 제

마음을 가득 채웠어요.

✦ '내가 좋아하는 것들로 더 채우고 싶다!' 하고요. 배경을 하나씩 채워갈수록 저도 모르게 웃음이

점점 더 많아지는 걸 느꼈어요.

✦ 이 그림 속 배경이 마치 나의 행복을 비춰 주는 거울 같았어요. '아, 이렇게 내가 행복을 그리고

있구나!' 하고 새삼 깨달았어요.

동물 속의 나를 찾아 그리다

Animal Metaphor Technique

DuEuGene
grace_wildness

DuEuGene
grace_wildness

⟨grace_wildness⟩는 섬세한 대비를 떠올리게 하는 제목입니다.

우아함(grace)과 야생(wildness) 두 상반된 개념이 서로 어우러져 하나의 유기

적인 이미지를 만들어냅니다. 이 작품은 내면의 고요함과 외부의 격렬함이 하나

의 화면에서 공존하는 모습을 표현하고자 했습니다.

그림은 부드럽고 세련된 선들이 화면의 주요 부분을 이루는 동시에 예측할 수

없는 강렬한 움직임과 형태가 혼합되어 있습니다. 예를 들어, 여인의 차분한 표

정과 금빛 머릿결 같은 부드러운 요소가 중심을 잡아주는 반면, 주변에는 야생적

인 패턴이나 호랑이 얼굴 같은 강렬한 이미지가 더해져 대조적인 감정을 드러냅

니다. 이처럼 우아한 색조와 강렬한 대비가 조화를 이루며 차분하면서도 에너지

가 넘치는 감정을 전달합니다.

색감 또한 이 작품의 중요한 요소입니다.

은은한 금빛과 부드러운 파스텔 톤이 기본을 이루며 불꽃처럼 튀어나오는 강렬한 붉은빛과 황금빛이 생동감을 더합니다. 이는 단순히 아름다움을 표현하는 데 그치지 않고 고요함과 감정의 폭발이 뒤섞인 순간을 담아내려는 시도입니다.

〈grace_wildness〉는 우아함과 야생의 공존을 탐구하는 작품입니다.
이 그림은 차분한 외면 속에 숨겨진 본능적 욕망이나 격렬한 감정을 상징하며, 동시에 인간 삶에서 예측할 수 없는 충돌을 비유하기도 합니다. 두 상반된 힘이 어떻게 서로 충돌하면서도 완성되는지를 보여주며 우아함이 단순한 아름다움만을 의미하지 않고 그 안에 내재한 에너지가 어떻게 야생으로 표출되는지 표현하고자 했습니다.

이 작품은 단순한 시각적 아름다움을 넘어 숨겨진 강렬한 자유와 본능을 발견하는 경험을 제공합니다. 이는 우리가 일상에서 느끼는 내적 갈등 혹은 자유와 규범 사이의 균형을 상징하며 그림을 통해 조화와 대비 속에 담긴 다양한 감정을 발견하시기를 바랍니다.

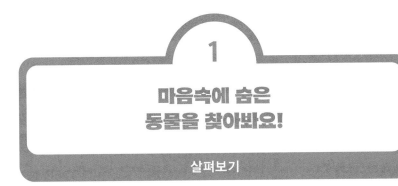

1
마음속에 숨은
동물을 찾아봐요!

살펴보기

1) 활동 진행 단계

동물 선택하기

자신이 좋아하거나 특별하게 느끼는 동물을 선택합니다. 이 동물은 아이가 상상할 수 있는 최고의 특성이 있어야 합니다. 예를 들어, 강아지는 충성심과 친밀함을, 독수리는 자유와 통찰력을 상징할 수 있습니다. 동물에 대한 감정적 반응(안정감, 강렬한 연결감 등)을 고려하여 자신과의 심리적 관계를 구축할 수 있는 동물을 선택합니다.

동물 특성 탐색하기

선택한 동물의 특징(강인함, 용기, 평화로움 등)을 조사하거나 생각하며

69

그 특성이 자신에게 어떻게 적용될 수 있을지 고민합니다. 동물이 가진 대표적인 행동(예: 독수리의 날아오르는 모습, 거북이의 느리지만 꾸준히 기어가는 모습 등)을 관찰하거나 상상하며 자신의 성격이나 삶의 방식과 어떤 공통점이 있는지 탐구합니다. 예를 들어 "고양이의 독립적이고 여유로운 모습은 나에게 삶의 균형과 휴식을 떠올리게 한다.", "나비의 변화를 통해 나는 현재의 어려움을 극복하고 새로운 나로 변화할 수 있다는 희망을 가진다."입니다.

자기와의 연결 찾기

동물의 특성과 자신의 삶을 연결 지어 봅니다. 예를 들어, '내가 지금 가장 필요한 용기나 끈기는 무엇일까?'라고 생각하며, 그것을 자신의 일상에 어떻게 적용할 수 있을지 구체화합니다. 선택한 동물의 주요 특성과 자신의 현재 삶의 상황, 감정 상태를 비교합니다. 동물의 특성을 통해 아이의 내면에서 어떤 자원을 더 키우고 싶은지 연결 지어 봅니다. 동물의 특성을 아이의 삶에 실질적으로 적용하는 데 필요한 구체적이고 실행 가능한 행동 계획을 수립합니다.

마음에 와닿는 특성 적용하기

동물이 가진 특성 중 마음에 와닿는 것 하나를 선택해 그것을 자기 삶에서 실천해 볼 방법을 구체적으로 계획합니다. 동물의 여러 특성 중에서 자신에게 가장 공감되거나 필요한 하나를 선택합니다. 선택한 특성이 현재의 문제 상황, 목표, 혹은 감정 상태와 어떤 관련이 있는지 성찰합니다. '거북이처럼 나는 꾸준히 나아가 목표를 이룰 것이다.'처럼 동물의 특성을 자기 삶에 통합하면서 긍정적 자아상을 형성합니다.

2) 활동 효과

동물과 나를 합성하는 이미지를 표현하기

활동 전에 참고 작품을 보여주며 창작 활동을 일깨워주는 활동은 아이에게 창의적 자극을 주고 자신을 표현할 수 있는 새로운 방식으로 마음을 열게 만듭니다. 미술치료에서는 시각적 상상력과 표현을 통해 아이의 감정과 심리적 상태를 다루는 것이 중요한데 **동물과 나를 합성하는 활동**은 이러한 측면에서 효과적입니다.

나를 닮은 동물, 나를 알아가는 특별한 여정

동물의 특성이나 이미지를 자신과 결합해 보는 과정은 아이가 자신에 대해 더 깊이 이해하는 데 도움이 됩니다. 동물의 속성(예: 사자의 용기, 고양이의 독립성)을 통해 아이는 자신의 감정, 성격, 내면의 욕구를 탐색할 수 있습니다. 아이는 자신을 다른 관점에서 바라보며 자기 자신을 객관적으로 볼 수 있는 기회를 가질 수 있습니다. 이는 자아 인식을 높이고 자존감을 향상하게 시키는 데 효과적입니다.

감정을 품은 동물, 내 마음을 자유롭게 표현하기

동물 이미지를 활용해 자신의 감정을 표현하는 것은 아이가 내면의 갈등이나 감정을 더 쉽게 표현하도록 도와줍니다. 동물이 가진 특정 이미지를 통해 아이는 자신의 감정을 대리 인물처럼 표현할 수 있습니다. 예를 들어, 불안한 마음을 '새'로 표현하거나, 강한 자신감을 '호랑이'로 비유할 수 있습니다. 아이는 자신이 느끼는 감정을 더 명확하게 인식하고, 그 감정을 표현할 수 있어 정서적 해소가 일어날 수 있습니다.

상상력을 깨우는 동물과 나의 특별한 만남

동물과 자신을 합성하는 활동은 아이의 창의적 사고를 자극하는 매우 효과적인 방법입니다. 이 활동은 상상력과 창의성을 활용하여 아이가 일상적인 생각의 틀을 벗어나 새로운 방식으로 문제를 해결하고 감정을 표현하게 합니다. 창의적인 사고가 활성화되면 아이는 자신의 감정이나 경험을 새로운 관점에서 재구성하고, 문제를 창의적으로 해결하는 능력이 향상됩니다.

동물을 통해 발견하는 나만의 목소리

동물 이미지를 자신의 감정이나 특징에 맞게 자유롭게 표현하는 것은 아이가 자신을 자유롭게 표현할 수 있는 기회를 제공합니다. 동물 이미지를 선택하고 이를 자신과 결합하는 과정은 그 자체로 자아 표현을 위한 독립적인 공간을 만들어 줍니다. 아이는 자기표현의 자유를 경험하며 자아존중감을 높이고 감정의 억압을 풀어내는 긍정적인 효과를 얻을 수 있습니다.

내면의 갈등을 풀어내는 동물의 마법

동물과 나를 합성하는 이미지를 그리면서 아이는 내면의 다양한 갈등이나 모순을 시각적으로 표현할 수 있습니다. 예를 들어, 내면의 두 가지 상반된 감정(불안과 자신감, 두려움과 용기)을 동물 이미지를 통해 시각적으로 분리하고 표현함으로써 그 갈등을 드러내고 해결하는 과정이 일어날 수 있습니다. 내면의 갈등을 시각적으로 표현하는 과정에서 아이는 심리적 긴장을 해소하고 감정적으로 안정감을 느낄 수 있습니다. 또한, 이러한 표현은 아이가 감정적 복잡성을 이해하고 수용하는 데 도움을 줍니다.

동물 속에서 발견한 나의 힘과 가능성

동물의 이미지를 통해 자신을 표현하면서 아이는 자신에게 내재한 긍정적인 특성과 자원을 발견할 수 있습니다. 동물의 속성을 자신에게 투영함으로써 아이는 자기가 가진 긍정적인 특성을 인식하고 이를 자아 존중감으로 발전시킬 수 있습니다. 아이는 자신의 자원과 강점을 재발견하면서 자기 효능감을 높이고 자존감을 강화할 수 있습니다.

감정을 안전하게 품어주는 동물의 따듯한 품

동물은 종종 아이가 감정적으로 안전하다고 느끼게 만드는 상징적인 존재가 될 수 있습니다. 동물을 통해 아이는 자신의 감정을 대변할 수 있는 안전한 '대리자'를 만들고, 그를 통해 자기 내면을 탐색합니다. 이는 특히 감정을 말로 표현하기 어려운 아이에게 유용합니다. 아이는 자신의 감정을 안전하게 탐색하고 표현할 수 있어 감정적으로 더 안정되고 편안해질 수 있습니다.

다시 말하여 동물과 자신을 합성하는 이미지를 그리는 활동은 미술치료에서 매우 효과적인 기법입니다. 아이는 이 과정을 통해 자신을 이해하고, 감정을 표현하며, 창의적으로 사고할 수 있는 기회를 가집니다. 또한, 이 활동은 자아 존중감을 향상하게 시키고 내면의 갈등을 해결하는 데 중요한 역할을 합니다. 창작을 통한 자아 표현과 감정 해소는 아이가 심리적

안정을 찾고 더 나아가 긍정적인 자아 이미지를 구축하는 데 크게 이바지

할 수 있습니다.

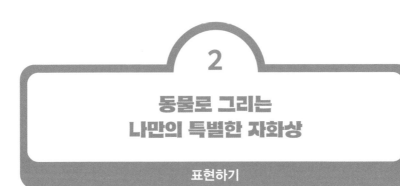

2

동물로 그리는
나만의 특별한 자화상

표현하기

1) 활동 진행 단계

동물 동물의 감정이나 자세 탐색하기

동물 합성 참고 작품을 감상하고 내가 선택한 동물이 가진 감정(예: 용기, 평화, 유연성 등)이나 자세(예: 위엄 있는 자세, 편안한 자세 등)를 탐색하고 그것이 어떤 의미가 있을지를 생각합니다. 동물이 가진 대표적인 행동(예: 독수리의 날아오르는 모습, 거북이의 꾸준함 등)을 관찰하거나 상상하며 자신의 성격이나 삶의 방식과 어떤 공통점이 있는지 탐색합니다.

동물의 모습 그리기

동물이 가진 감정과 자세를 그림으로 표현합니다. 이 과정에서 동물의 표정, 몸짓, 색깔 등을 활용해 감정을 시각적으로 표현합니다. 그러면서 자신이 느끼는 감정의 변화를 살펴봅니다. 동물의 감정을 더욱 돋보이게 하려면 적절한 색상을 선택합니다.

예를 들어, 용기는 강렬한 빨강이나 황금색으로, 평화는 부드러운 파란색이나 연두색으로 표현할 수 있습니다. 동물의 몸짓은 정적인 모습뿐만 아니라 동적 움직임(예: 달리기, 점프 등)을 표현할 수도 있습니다.

자기 모습 합성하기

자신이 선택한 동물의 모습과 자기 모습을 합성하여 그림을 완성합니다. 이 과정에서 동물의 특징적인 감정, 표정, 자세를 자기 모습에 통합하거나 자기 얼굴과 몸에 동물의 특성을 적용합니다. 예를 들어, 동물의 용맹한 눈빛을 자기 얼굴에 더하거나 동물의 자세를 자신만의 스타일로 바꾸는 방식으로 창의적이고 독창적인 합성을 시도합니다.

감정과 자아 탐색하기

완성된 동물 자화상을 보며 자기가 표현한 감정이나 자세가 어떤 의미가 있는지 그리고 그것이 자아 존중감에 어떻게 연결될 수 있는지 탐색합니다. 그림을 토대로 자신이 느낀 감정이나 생각을 나누고 그 활동이 어떻게 자신의 자존감을 향상할 수 있었는지 생각을 공유합니다. 이 과정은 단순히 그림을 감상하는 데 그치지 않고 아이가 자신의 감정, 자아, 그리고 내면의 강점을 통합적으로 탐구하며 자존감을 높이는 강력한 미술치료 기법으로 작용합니다.

2) 활동 효과

감정의 날개 펼치기

- 아이가 동물의 감정과 자세를 시각적으로 표현하면서 자신의 감정을 자연스럽게 드러낼 수 있습니다.
- 그림을 통해 자신의 감정 상태를 인식하고 이를 긍정적으로 변화시키는 과정을 경험합니다.

나를 찾아가는 감정 모험

- 동물과 자기 모습을 합성하는 활동은 자신을 깊이 탐색하고 내면의 다양한 측면을 이해하는 기회를 제공합니다.
- 동물의 특징과 자신의 특징을 연결함으로써 자신의 장점과 가능성을 새롭게 발견할 수 있습니다.

나만의 빛을 그리기

- 동물이 가진 긍정적인 이미지를 그림으로 표현하면서 아이는 자신의 긍정적인 면을 내면화할 수 있습니다. 이를 통해 자신이 가진 능력과 장점

을 인정하고 자존감이 높아지는 효과를 얻습니다.

상상력의 숲을 거닐다

- 동물과 자신을 결합한 그림을 그리면서 창의적인 사고와 상상력을 발휘할 수 있습니다.
- 다양한 색과 표현 방식을 사용하며 자유롭게 자신을 표현하는 즐거움을 느낄 수 있습니다.

마음의 온기를 채우는 시간

- 감정을 표현하고 그림으로 풀어내는 과정에서 스트레스가 해소되고 심리적 안정감을 느낄 수 있습니다.
- 동물의 긍정적인 이미지를 내면화하며 마음의 치유와 위로를 경험할 수 있습니다.

이 활동을 통해 아이는 동물의 특성과 감정을 시각적으로 표현하고, 이를 자기 이해와 자아 존중감 증진에 활용할 수 있습니다. 완성한 그림을 서로 감상하며 자신이 표현한 감정이나 자세가 개인적으로 어떤 의미를 가지는지, 그리고 그것이 자아 존중감(self-esteem)과 자기 인식(self-awareness)에 어떻게 연결되는지를 탐구할 수 있습니다. 자신의 내면세계를 더 깊이 이해하고, 긍정적인 자아 이미지를 강화하는 데 도움이 되는 활동입니다.

3

나의 상상 동물 이야기 만들기

이 활동은 아이가 자신이 그린 동물의 이야기와 상황을 상상하며 이야기로 풀어내는 활동입니다. 동물이 겪는 문제와 어려움을 상상하고 그것을 어떻게 해결하는지에 대해 이야기합니다. 이를 통해 아이는 자신의 문제를 동물의 이야기로 투영하고 해결책을 모색할 수 있습니다. 이 과정은 아이의 문제 해결 능력을 강화하고 자존감을 높이는 데 중요한 역할을 합니다. 그림을 그린 후 그 동물이 겪는 상황이나 이야기를 상상하여 이야기로 풀어봅니다. 이때 동물이 어떻게 문제를 해결하는지 어떤 어려움을 겪고 극복하는지 등을 이야기하며 아이는 자신이 처한 상황을 동물의 이야기로 투영하고 해결책을 모색할 수 있습니다. 이러한 활동은 아이에게 자기 문제 해결 능력을 강화하고, 자존감을 높이는 데 도움이 됩니다.

1) 활동 진행 단계

동물과 떠나는 힐링 어드벤처

동물의 그림을 바탕으로 동물이 겪는 상황이나 문제를 상상하고 그것을 해결하는 과정을 이야기로 풀어낸다. 더불어 동물이 어떤 방식으로 어려움을 해결하는지 어떤 감정을 느끼는지 등을 이야기하며 자신과의 연결을 통해 문제 해결을 위한 방법을 탐색한다.

동물의 눈으로 그리는 상상 이야기

그림을 바탕으로 아이는 동물이 겪는 상황을 상상합니다. 예를 들어, '호랑이'가 위험을 감지하고 이를 해결하려는 이야기, '거북이'가 긴 여행을 떠나는 이야기 등을 만들어볼 수 있습니다. 동물이 어떤 어려움을 겪고 있는지 그 어려움을 어떻게 극복하는지를 구체적으로 생각해 봅니다.

용감한 동물의 지혜 여행

아이는 동물이 문제를 해결하는 방식을 상상하고 그 과정에서 동물이 느끼는 감정이나 상황을 이야기합니다. 이때 아이는 동물의 행동을 자신과 연결 지어 생각할 수 있습니다. 예를 들어, 동물이 용기를 내어 어려운 상황을 극복하는 모습을 그리면서 아이는 자신의 상황에서도 용기를 낼 수 있는 방법을 생각해 봅니다.

호랑이의 모험 이야기

옛날 옛적, 울창한 숲속에 용감한 호랑이 한 마리가 살았어요. 이 호랑이의 이름은 용이었어요. 용이는 숲속의 모든 동물에게 믿음직한 친구였지만, 사실 용이는 혼자 있는 걸 더 좋아했어요.

어느 날, 용이가 강가에서 물을 마시고 있을 때, 숲속에서 이상한 소리가 들렸어요. "살려 주세요! 살려 주세요!" 소리의 주인공은 작은 토끼였어요. 토끼는 사나운 늑대에게 쫓기고 있었죠. 용이는 순간 두려운 마음이 들었어요. 늑대는 무리 지어 다니는 동물이었고, 한 마리만 상대하기에도 쉽지 않았으니까요.

하지만 용이는 스스로 생각했어요. "나는 용감한 호랑이야. 내가 도와주지 않으면 토끼는 위험해질 거야. 내가 할 수 있는 최선을 다해 보자!"

용이는 용기를 내어 큰 소리로 으르렁거렸어요.

"으르렁!!! 늑대야, 당장 멈추지 않으면 널 숲에서 쫓아내 버릴 거야!"

늑대는 용이의 우렁찬 소리에 깜짝 놀라 도망쳤어요. 토끼는 용이에게 고마워하며 말했어요.

"정말 고마워요, 용이! 당신이 아니었다면 큰일 날 뻔했어요."

이 일을 계기로 용이는 혼자만의 시간을 좋아하던 자신이 사실은 다른 동물들에게도 큰 도움이 될 수 있다는 걸 깨달았어요. 용이는 자신을 자랑스럽게 여기게 되었고, 다른 동물들에게 용기를 주는 존재가 되었답니다.

　파란 바다에 작은 거북이 토니가 살고 있었어요. 토니는 항상 바다를 떠다니며 조용히 살았지만, 어느 날 토니는 머나먼 바다 건너편에 있는 '황금 산호초' 이야기를 듣게 되었어요. 황금 산호초는 모든 거북이의 꿈의 장소였어요. '거기만 가면 정말 행복해질 거야!'라고 토니는 생각했죠.

　하지만 황금 산호초까지는 아주 멀었어요. 다른 친구들은 말했어요.

　"토니, 그 여행은 너무 힘들어! 너는 작은 거북이라 절대 갈 수 없을 거야."

　토니는 처음엔 무서웠지만, 스스로 다짐했어요.

　"천천히라도 내가 끝까지 가 본다면 분명히 해낼 수 있을 거야."

　토니는 매일 조금씩 헤엄쳤어요. 파도가 거세게 몰아칠 때도 있었고, 상어에게 쫓기는 위험한 순간도 있었지만, 토니는 포기하지 않았어요. 여행을 하면서 토니는 자기 몸이 점점 더 강해지고, 헤엄치는 기술도 늘어난다는 걸 느꼈어요.

　마침내, 긴 시간이 지나고 토니는 황금 산호초에 도착했어요. 그곳은 정말 아름다웠어요! 토니는 그제야 깨달았어요.

　"황금 산호초도 좋지만, 이 여행을 통해 내가 얼마나 강하고 대단한 존재인지 알게 된 게 더 중요한 일이야!"

　토니는 다른 거북이 친구들에게 자신의 이야기를 들려주며, 누구나 꿈을 향해 노력하면 멋진 결과를 얻을 수 있다고 말해 주었답니다.

2) 활동 효과

동물에게 배운다: 내 삶과 연결된 이야기

동물이 겪은 이야기나 해결 과정이 아이의 실제 문제 상황과 어떻게 연결될 수 있는지 생각합니다. 아이는 동물의 문제 해결 방법을 자기 삶에 적용할 방법을 탐색합니다. '동물처럼 나도 어떻게 문제를 해결할 수 있을까?'라는 질문을 통해 자기 문제 해결 능력을 향상할 수 있습니다.

상상 속 모험 떠나기

상상 속 모험은 단순히 즐거운 이야기 창작에 그치지 않고 아이가 자신의 감정과 삶의 경험을 비추어볼 수 있는 거울 역할을 합니다. 동물이 겪는 도전은 곧 아이가 직면한 현실의 어려움과 연결되고 동물이 문제를 해결하는 과정은 아이에게 실질적인 영감을 제공합니다. 이러한 창의적인 여정은 아이가 자신만의 독특한 관점을 형성하고 자신의 문제를 해결할 수 있는 능력을 개발하는 데 중요한 발판이 됩니다.

궁극적으로 상상 속 모험은 아이에게 단순한 놀이 이상의 의미를 제공합니다. 이는 자신을 탐구하고 감정을 치유하며 삶의 어려움을 극복할 힘을 길러주는 과정으로 아이가 더 풍부한 내적 세계를 경험하도록 돕는 중요한 도구입니다.

이야기로 발견하는 나의 성장

자신이 만든 이야기를 다른 사람과 나누고 이야기 속에서 느낀 점을 성찰합니다. 이 과정에서 문제 해결 방안을 구체화하고 느낀 감정과 깨달음을 공유하며 자신감을 키웁니다. 동물의 이야기를 통해 자신의 문제를 객관적으로 바라보고 해결 방안을 모색하는 과정은 자아 존중감을 높이는 데 도움을 줍니다.

이 활동은 아이가 동물 이야기를 창작하며 문제를 해결하는 능력을 기르고 어려움을 극복할 수 있다는 자신감을 형성하도록 돕습니다. 이를 통해 아이는 자신에 대한 긍정적인 시각을 강화하고 더 나은 자기 모습을 볼 수 있는 기회를 얻게 됩니다.

3) 활동 아이디어 자료

동물들이 문제를 해결하는 만화를 활용하는 것도 좋은 방법이 됩니다. 이 만화들은 보통 어린이들이 감정을 이해하고 문제 해결 능력을 키울 수 있도록 돕는 역할을 하며 동물들이 주인공이 되어 중요한 교훈을 주는 이야기들입니다. 아래는 몇 가지 대표적인 예시입니다.

\<위니 더 푸\>(Winnie the Pooh)

- 주요 동물: 푸, 피글렛, 이요르, 타이거, 라스탈
- 설명: 푸와 그의 친구들이 숲속에서 겪는 다양한 모험과 문제를 다룹니다. 친구들 간의 갈등, 두려움, 고난을 해결하는 과정에서 중요한 교훈을 주며, 특히 '자신감'과 '친구를 도와주는 것'에 대해 이야기합니다. 각 동물 캐릭터는 특정 성격과 문제 해결 방식으로 나타나며 그들이 서로 협력하면서 문제를 해결해 나갑니다.

\<피터 래빗\>(Peter Rabbit)

- 주요 동물: 피터 래빗, 벨라, 그리프
- 설명: 피터 래빗은 자주 문제에 직면하는 작은 토끼입니다. 이야기 속에서 피터는 집을 떠나 큰 위험에 처하게 되지만 때때로 자신의 문제 해결 능력을 발휘하여 상황을 극복합니다. 동물의 이야기를 통해 어린이들은 어려움을 겪고 성장하는 과정을 배울 수 있습니다.

\<카툰 애니멀스\>(Cartoon Animals)

- 주요 동물: 다양한 동물 캐릭터
- 설명: 여러 만화 시리즈에서 동물 캐릭터들은 문제를 해결하고 사람들에게 중요한 교훈을 전합니다. 이 만화들은 동물들이 상황을 유머러스하게 해결하는 과정을 그리며 주로 용기, 협력, 창의적인 해결책을 강조합니다.

<내 친구 베이비>(My Friend the Baby)

- 주요 동물: 아기 동물들
- 설명: 이 만화는 아기 동물들이 새로운 도전에 직면하면서 자신만의 해결책을 찾는 과정을 그리고 있습니다. 아기 동물들이 서로 협력하고 각자의 강점을 발휘하여 문제를 해결하는 과정에서 아이들에게 중요한 문제 해결 능력과 협동 정신을 가르쳐 줍니다.

<샘의 모험>(Sam's Adventures)

- 주요 동물: 다양한 동물 캐릭터
- 설명: 샘은 작은 동물 캐릭터로, 자주 어려움에 직면하지만, 문제를 해결하기 위해 창의적으로 행동합니다. 각 에피소드는 문제를 어떻게 해결할 수 있는지에 대한 아이디어와 힌트를 제공합니다. 이 만화는 어린이들이 자신의 문제를 해결할 때 참고할 수 있는 중요한 가르침을 주며 자존감을 향상하는 데에도 도움을 줍니다.

<주토피아>(Zootopia)

- 주요 동물: 다양한 동물 캐릭터
- 설명: <주토피아>는 자존심을 높이는 방법에 대해 자기 인식과 개인의 성장을 강조하며 이를 통해 타인과의 관계에서 자아를 발견하고 발전시키는 법을 제시합니다. 각 동물의 특징과 개성은 단순히 그들의 직업과 역할을 결정짓는 요소가 아니라 자신의 가능성과 장점을 발견하고 이를 인정하는 과정을 상징합니다. 이 영화는 자신의 고유한 특성을 긍정적으로 바라보고 이를 활용하는 법을 통해 자존심을 높일 수 있는 중요한 메시지를 전달하고 있습니다.

이와 같은 만화들은 동물 캐릭터들이 문제를 해결하는 방식이나 감정의 변화를 통해 중요한 가치를 전달합니다. 만화 속에서 동물들이 경험하는 도전과 극복 과정은 아이 특히 어린이가 자신의 문제를 해결하는 데 도움을 줄 수 있습니다.

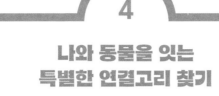

그려진 동물과 아이 자신을 연결 짓는 질문을 던져봅니다.

이 동물의 어떤 부분이 나와 닮았나요?

동물이 느끼는 감정이 내 감정과 어떻게 비슷한가요?

이 동물처럼 나도 어떤 행동을 해볼 수 있을까요?

이러한 질문은 아이가 자기 내면을 탐색하고 자존감을 높이는 데 중요한 통찰을 제공합니다. 이 활동은 아이가 자신을 동물의 이미지와 비교하며 자아를 강화하고 자신을 긍정적으로 바라볼 수 있는 기회를 제공합니다. 동물의 특성과 성격을 통해 아이는 자신의 장점과 가능성을 발견하며 그 과정을 통해 자존감을 자연스럽게 향상시킬 수 있습니다.

이 활동은 아이가 자신이 그린 동물의 특성과 감정을 탐색하면서 이를 자신과 연결 지어 자존감을 향상하는 과정입니다. 동물과의 연결을 통해 아이는 자신의 강점과 가능성을 발견하고 이를 현실적인 방식으로 적용할 수 있는 기회를 얻게 됩니다.

질문을 통해 연결 짓기

질문 1: 이 동물의 어떤 부분이 나와 닮았나요? 아이는 동물의 특성과 자신의 성격이나 행동에서 비슷한 점을 찾아봅니다. 예를 들어, '이 동물은 용감해 보이는데 나도 내가 두려운 상황에서 용기를 낸 적이 있었던 것 같다.'

질문 2: 동물이 느끼는 감정이 내 감정과 어떻게 비슷한가요? 아이는 동물이 겪고 있는 감정을 자신이 경험한 감정과 비교하여 연결합니다. 예를 들어, '이 동물이 슬프고 혼자인 것 같다고 느낄 때, 나도 종종 그런 감정을 느낀다.'

질문 3: 이 동물처럼 나도 어떤 행동을 해볼 수 있을까요? 아이는 동물이 문제를 해결하는 방식이나 행동을 자기 상황에 적용할 수 있는 방법을 생각합니다. 예를 들어, '이 동물처럼 내가 지금 느끼는 불안을 극복하려면, 작은 도전을 하나씩 시작해 볼 수 있을 것 같다.'

자신의 특성과 강점 발견하기

아이는 동물과 자신을 연결 지은 후, 그 과정에서 발견한 자신의 장점이나 긍정적인 특성에 대해 성찰합니다. 예를 들어, '나는 이 동물처럼 끈기 있게 문제를 해결할 수 있다는 걸 깨달았다.'

자아 존중감 증진 활동

아이는 자신이 연결한 동물의 특성을 일상생활에서 어떻게 적용할 수 있을지 고민하고 그 방법을 적어봅니다. 이를 통해 아이는 자신의 강점과 가능성을 인식하고 자신을 긍정적인 시각으로 바라볼 수 있게 됩니다.

결과 나누기 및 성찰

활동이 끝난 후 아이는 동물과 자신을 연결한 이야기를 나누며 그 과정을 통해 얻은 통찰이나 자존감을 어떻게 적용할 수 있을지 이야기합니다. 이 과정에서 아이는 제 생각과 감정을 나누며 더욱 깊은 성찰을 할 수 있습니다.

동물의 특성을 통한 긍정 자아 탐구

질문 노트는 아이가 자신과 동물의 특성을 연결하게 하며 자기 탐색을 할 수 있도록 돕는 유익한 활동입니다. 이를 통해 아이는 자기 내면을 더욱 잘 이해하고 자아 존중감을 향상하게 시킬 수 있습니다. 각 질문이 어떻게 자존감을 향상하게 시킬 수 있는지 그리고 자신을 알아가는 데 어떤 효과가 있는지에 대해 아래와 같이 설명할 수 있습니다.

1. 내 안에 어떤 동물이 살고 있을까?

- **효과:** 이 질문은 아이가 자신의 감정, 성격, 행동 패턴을 동물에 비유하여 더 쉽게 인식하도록 도와줍니다. 이를 통해 아이는 자기 내면을 더 잘 이해하게 되며 감정을 표현하면서 자기 자신을 더 명확하게 볼 수 있습니다.

- **자기 이해 증진:** 자신을 동물로 비유하는 과정에서 아이는 자신을 더욱 객관적으로 바라볼 수 있으며 자신의 감정을 명확하게 인식하게 됩니다.

2. 동물에게서 배울 수 있는 좋은 점은 무엇일까? 그것을 나에게 어떻게 쓸 수 있을까?

- **효과**: 이 질문은 아이가 동물의 긍정적인 특성(예: 용기, 강인함, 협력 등)을 자기 삶에 적용할 수 있도록 유도합니다. 자신에게 부족한 부분을 동물의 특성을 통해 보완할 수 있게 됩니다.

- **자아 존중감 향상**: 동물에게서 긍정적인 특성을 배우고 이를 자기 삶에 적용함으로써 아이는 자기 능력과 가능성을 인식하고 긍정적인 자아 이미지를 구축할 수 있습니다.

3. 동물은 어떤 때 자신감을 가지는 걸까? 나도 그런 순간이 있나?

- **효과**: 동물이 자신감을 느끼는 순간을 생각하며, 아이는 자신이 자신감을 느끼는 상황을 떠올립니다. 이를 통해 아이는 자존감을 높이는 요소와 자신감을 느낄 수 있는 순간을 깨닫게 됩니다.

- **자신감 증진**: 자신감을 가진 동물의 모습에서 자신의 자신감을 찾고 그것을 일상생활에 적용할 수 있는 방법을 깨닫습니다.

4. 내가 약하다고 생각하는 부분을 도와줄 수 있는 동물의 힘은 무엇일까?

- **효과**: 이 질문은 아이가 자신의 약점을 인정하고 이를 극복하는 방법을 탐색하게 만듭니다. 동물의 강점에서 해결책을 찾는 과정은 아이가 자

신의 문제 해결 능력을 키우는 데 도움을 줍니다.

- **자기 수용 및 자존감 향상**: 자신의 약점을 직시하고 동물의 긍정적인 특성을 통해 이를 극복할 수 있는 방법을 찾음으로써 아이는 자신에 대한 긍정적인 인식을 강화합니다.

5. 내가 좋아하는 동물은 어떤 모습을 하고 있고 내가 그린 동물은 나랑 얼마나 비슷할까?

- **효과**: 좋아하는 동물을 통해 아이는 자신이 추구하는 가치나 성격을 인식합니다. 동물과 자신을 연결하는 과정에서 아이는 자신에게 더 친숙하고 긍정적인 특성을 찾아낼 수 있습니다.
- **자아 긍정**: 자신이 좋아하는 동물과의 유사성을 발견하고 이를 통해 아이는 자신의 긍정적인 특성이나 자원을 새롭게 인식합니다.

6. 내가 두려운 것, 걱정되는 것이 동물로 나타난다면 어떤 동물일까?

- **효과**: 두려움이나 걱정거리를 동물로 표현하면서 아이는 자신의 감정을 시각적으로 드러냅니다. 이를 통해 감정에 대한 통찰을 얻고 두려움이나 걱정을 다루는 방법을 고민할 수 있습니다.
- **감정 해소**: 두려움이나 걱정을 동물의 형태로 표현함으로써 아이는 자신의 감정을 시각화하고 그것을 다루는 방법을 모색할 수 있습니다.

7. 동물이 자신을 돌보는 방법처럼, 나는 나를 어떻게 아끼면 좋을까?

- **효과**: 이 질문은 자기 돌봄과 자아 존중감을 연결 짓는 방법을 모색하는 질문입니다. 아이는 동물의 자아 돌봄 방식을 통해 자신의 감정적, 신체적 필요를 어떻게 충족시킬 수 있을지 고민하게 됩니다.
- **자기 사랑 증진**: 자신을 돌보는 방법을 찾으며 아이는 자기 자신을 더 사랑하고 아끼는 법을 배웁니다. 이는 자존감을 자연스럽게 높이는 데 효과적입니다.

8. 내가 커서 어떤 모습으로 성장하고 싶은지 상상해 보자. 어떤 동물처럼 되고 싶을까?

- **효과**: 이 질문은 아이가 미래에 대해 긍정적인 비전을 갖도록 도와줍니다. 자신이 되고 싶은 동물의 특성을 생각하며 아이는 자신의 꿈과 목표를 명확하게 설정할 수 있습니다.
- **미래 지향적 자존감**: 성장하고 싶은 모습에 대한 비전을 통해 아이는 자신감을 얻고 미래에 대한 긍정적인 태도를 가질 수 있습니다.

9. 내가 힘이 필요할 때, 그 동물을 떠올리면 용기가 날까?

- **효과**: 이 질문은 아이가 동물을 통해 용기와 힘을 얻는 방법을 탐색하게 만듭니다. 어려운 상황에서 동물을 떠올리며 아이는 내면의 강력한 자원을 인식하고 도전을 극복하는 데 필요한 용기를 얻을 수 있습니다.

- **용기나 자신감 향상**: 동물의 강력한 특성을 떠올리며 아이는 자신의 강점을 인식하고 필요한 순간에 그것을 활용할 수 있는 자신감을 얻습니다.

10. 나의 소중한 점은 무엇일까? 나 자신에게 자랑할 수 있는 점은 무엇일까?

- **효과**: 이 질문은 아이가 자신의 장점과 긍정적인 특성을 발견하고 이를 인정하는 데 도움을 줍니다. 자존감을 높이는 가장 중요한 과정은 자신을 소중히 여기고 긍정적으로 바라보는 것입니다.
- **자아 존중감 증진**: 자신의 장점과 자원을 인정하고 자랑스럽게 느낄 수 있는 기회를 제공함으로써 아이는 자신을 더욱 긍정적으로 바라보게 됩니다.

이 질문들은 아이가 자신을 탐색하고 자존감을 향상하게 시킬 수 있도록 돕는 매우 효과적인 도구입니다. 아이는 동물의 특성을 통해 자신의 감정, 강점, 약점, 두려움 등을 깊이 이해하고 이를 긍정적으로 변화시키는 방법을 찾을 수 있습니다. 각 질문은 아이가 자신을 긍정적으로 바라볼 수 있도록 유도하며 자아 존중감과 자신감을 높이는 데 큰 도움이 됩니다.

동물 속의 나, 내 안의 동물

Part 2 동물 속의 나를 찾아 그리다

1. 내 안에 어떤 동물이 살고 있을까?

2. 동물에게서 배울 수 있는 좋은 점은 무엇일까? 그걸 나에게 어떻게 쓸 수 있을까?

3. 동물은 어떨 때 자신감을 가지는 걸까? 나도 그런 순간이 있나?

4. 내가 약하다고 생각하는 부분을 도와줄 수 있는 동물의 힘은 무엇일까?

5. 내가 좋아하는 동물은 어떤 모습을 하고 있고, 내가 그린 동물은 나랑 얼마나 비슷할까?

6. 내가 두려운 것, 걱정되는 것이 동물로 나타난다면 어떤 동물일까?

7. 동물이 자신을 돌보는 방법처럼, 나는 나를 어떻게 아끼면 좋을까?

8. 내가 커서 어떤 모습으로 성장하고 싶은지 상상해 보자. 어떤 동물처럼 되고 싶을까?

9. 내가 힘이 필요할 때, 그 동물을 떠올리면 용기가 날까?

10. 나의 소중한 점은 무엇일까? 나 자신에게 자랑할 수 있는 점은 무엇일까?

생각의 문을 여는 질문 노트

내 안에 어떤 동물이 살고 있을까?

✦ 수달: 수영을 잘하고 장난꾸러기처럼 즐겁게 살아가는 동물이에요. 내 안에 수달이 살고 있어서,

나는 언제나 웃고 재미있는 일을 찾아내려고 노력해요.

동물이 자신을 돌보는 방법처럼, 나는 나를 어떻게 아끼면 좋을까?

✦ 수달은 강 속에서 헤엄치며 위험한 악어를 피해 똑똑하게 움직여요. 나도 두렵고 걱정되는 일이

생기면, 수달처럼 용기 있게 헤쳐 나갈 거예요. 그리고 수달이 물속에서 쉬듯이, 나도 쉴 땐 푹 쉬

고 나만의 시간을 가지며 나를 아껴 줄 거예요.

내 안에 어떤 동물이 살고 있을까?

✦ 고양이: 나에게는 부드럽고 똑똑한 고양이가 살고 있어요. 고양이는 혼자서도 잘 놀고, 세상을 탐

험하며 자기만의 방법으로 문제를 해결해요.

동물에게서 배울 수 있는 좋은 점은 무엇일까? 그걸 나에게 어떻게 쓸 수 있을까?

✦ 고양이는 똑똑해서 어떤 일이 생겨도 자기 머리를 써서 해결해요. 나도 공부를 열심히 해서 내

꿈을 꼭 이룰 거예요! 또, 고양이는 자기 자신을 소중히 여기며 멋지게 살아가요. 나도 고양이처럼

자존감을 높이고 예쁘게 마음을 가꾸며 자라서 훌륭한 의사가 될 거예요. 내 환자들에게 도움을

줄 수 있는 따뜻한 사람이 되고 싶어요.

내가 두려운 것, 걱정되는 것이 동물로 나타난다면 어떤 동물일까?

✦ 시베리아 호랑이: 무섭고 큰 호랑이가 나를 쫓아오면 정말 두렵겠지! 하지만 내 안의 용기를 찾

아서 호랑이를 이길 거예요.

내가 커서 어떤 모습으로 성장하고 싶은지 상상해 보자. 어떤 동물처럼 되고 싶을까?

✦ 키 큰 나는 시베리아 호랑이보다 더 높은 곳에서 볼 수 있어요.

✦ 내가 힘이 필요할 때 높이 나는 매를 떠올리며 용기를 낼 수 있어요.

자존감은 그려지는 거야

동물에게서 배울 수 있는 좋은 점은 무엇일까? 그걸 나에게 어떻게 쓸 수 있을까?

✦ 용기, 자신감, 무엇에 도전할 때 멋진 호랑이의 모습을 배우고 싶어요.

✦ 내 안에 사는 동물은 원숭이 같고 호랑이랑 비슷하지는 않은 것 같다. 내가 약한 부분은 용기이고

호랑이에게서 그 힘을 배우고 싶어요.

동물이 자신을 돌보는 방법처럼, 나는 나를 어떻게 아끼면 좋을까?

✦ 나를 사랑하는 마음으로 아껴 줄래요. 배고프면 맛있는 음식을 먹고, 피곤하면 충분히 자고, 슬플

때는 내 마음을 다독여줄 거예요. 거울을 보며 "나는 정말 멋지고 특별해"라고 말하는 것도 잊지 않

을래요!

내가 좋아하는 동물은 어떤 모습을 하고 있고, 내가 그린 동물은 나랑 얼마나 비슷할까?

✦ 치타와 재규어다. 나도 치타처럼 **빨라요**. 나를 사랑하는 마음으로 아껴 줄래요. 나도 치타처

럼 빠르게 움직이고, 재규어처럼 용감한 마음을 가지고 있어서 이 동물들과 많이 닮았어요.

동물이 자신을 돌보는 방법처럼, 나는 나를 어떻게 아끼면 좋을까?

✦ 치타와 재규어는 위험에서 자신을 보호하는 똑똑한 방법을 알고 있어요. 나도 그들처럼 내가 소

중하다는 걸 기억하면서 나를 잘 지킬 거예요. 나의 모든 것이 소중하고 자랑스러워요.

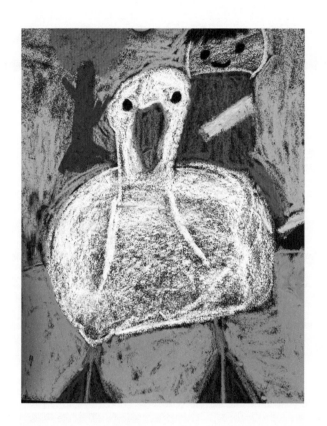

동물에게서 배울 수 있는 좋은 점은 무엇일까? 그걸 나에게 어떻게 쓸 수 있을까?

✦ 내 안에는 거북이와 오리가 살고 있어요! 거북이는 천천히 움직이지만 늘 자기 길을 포기하지 않

고 끝까지 가는 동물이에요. 나도 거북이처럼 차분하게 생각하고, 끈기 있게 나아가고 싶어요.

동물이 자신을 돌보는 방법처럼, 나는 나를 어떻게 아끼면 좋을까?

✦ 동물들은 짜증을 내지 않고 자연스럽게 자기만의 방법으로 살아가요. 나도 나의 감정을 억지로

바꾸려고 하지 않고 있는 그대로의 나를 받아들이고 싶어요.

Part 3

내 마음속,
두 가지 감정을 그리다

Collage Technique

DuEuGene
Beyond the
Edge of Doubt

DuEuGene
Beyond the
Edge of Doubt

치즈냥이의 행복한 모험!

치즈냥이는 자유와 열정을 품고 세상을 향해 한 걸음씩 나아갑니다. 그 존재는 오렌지빛의 따스함과 고양이 특유의 신비로움이 어우러져 독특한 상징성을 지닙니다. 고양이의 독립성과 자유로움에 더해진 오렌지색은 생명력과 활력을 상징하며, 치즈냥이는 삶의 무한한 가능성을 탐구하는 용감한 영혼으로 그려집니다. 밝고 기운찬 에너지로 주변을 물들이며, 치즈냥이는 행복한 착각처럼 보일 수 있는 낙관적인 태도로 희망을 전합니다. 이는 단순한 자기기만이 아니라, 삶의 빛나는 순간을 믿고 새로운 가능성을 향해 나아가는 메시지를 담고 있습니다. 치즈냥이는 변화와 성장을 받아들이며 행운과 풍요를 불러오는 상징으로, 자신의 방식으로 세상을 살아가는 모든 이들에게 용기를 전합니다.

불안은 한때 고통스러운 그림자처럼 느껴질 수 있지만, 그 안에는 내면의 성찰을 이끄는 빛이 숨어 있습니다. 불안은 현재를 돌아보게 하고, 우리를 더 깊은 진실로 이끄는 문턱이 될 수 있습니다. 그 감정을 마주하고 다스릴 때, 우리는 희망과 방향을 발견하며 더 단단한 내면으로 성장하게 됩니다. 긍정적 착각은 마치 어둠 속에서 발견한 작은 불빛처럼 우리에게 창조적 힘과 자기 효능감을 선사합니다. 의심과 불확실성의 경계를 넘어 삶을 바라볼 때, 우리는 불안을 성장의 연료로 바꾸고, 낙관의 날개를 펼쳐 더 나은 미래를 그릴 수 있습니다.

불확실성 속에서 빛을 발견하는 순간을 그립니다. 불안이 단지 고통이 아닌 가능성의 시작임을 보여주며, Beyond the Edge of Doubt는 의심을 넘어 긍정적 착각 속에서 피어나는 충만한 삶을 노래합니다. 이는 불확실함이 주는 두려움 속에서도 희망의 불씨를 지피며, 우리가 빛나는 내일을 꿈꿀 수 있음을 시적으로 담아낸 이야기입니다.

1

감정의 비밀 이야기, 나와의 속삭임

살펴보기

내 감정을 찾아 떠나는 여행

지금 자신의 감정을 깊이 탐구하고 이해하는 활동은 우리가 자주 느끼는 두 가지 감정, 불안과 안정감을 마주하며 이들 감정이 우리의 삶에 어떤 영향을 미치는지 알아보는 시간입니다. 불안은 때때로 우리를 압도하기도 하지만 동시에 성찰과 성장의 기회를 제공합니다. 반대로 안정감은 우리에게 평화와 신뢰를 선사하며 삶의 균형을 찾는 데 도움을 줍니다.

여기서 중요한 것은 자신에게 솔직해지는 것입니다. 불안과 안정감을 느끼는 이유를 떠올리고 그것을 키워드와 그림, 색상으로 자유롭게 표현하면서, 자신의 감정을 좀 더 깊이 이해하게 될 것입니다. 이 과정은 감정을 단순히 나누는 것이 아니라 이 두 감정이 서로 어떤 관계를 맺고 있으며 우리 삶에 어떻게 공존할 수 있는지 탐구하는 데 초점을 맞춥니다.

활동의 마지막에는 이 두 감정을 어떻게 조화롭게 다룰지에 대한 목표를 설정하며 자신만의 격려의 메시지를 작성하게 됩니다. 이를 통해 여러분은 불안과 안정감이라는 두 날개의 균형을 맞춰 삶의 하늘을 더 자유롭고 평온하게 날아갈 힘을 얻을 수 있을 것입니다.

자, 이제 여러분만의 내면의 여행을 떠날 준비가 되었나요? 지금부터 감정의 풍경 속으로 발걸음을 내디뎌 보세요. 여러분의 마음이 들려주는 이야기를 따라가며 불안과 안정감이 함께 만들어가는 특별한 대화를 시작해 봅시다.

1) 활동 진행 단계

내 감정을 찾아 떠나는 여행

- 편안하고 방해받지 않는 조용한 장소에서 활동을 진행합니다.
- 현재 느끼는 불안과 안정감에 대해 각각 한 문장 또는 키워드로 표현합니다.
- 불안과 안정감을 유발하는 상황, 사람, 장소 등을 떠올리고 간단히 기록합니다.
- 감정의 특징을 서로 나눕니다. 짝 활동, 팀 활동
- 불안, 두려움, 걱정, 압박 등 부정적인 요소를 구체적으로 묘사합니다.
- 안정감, 평온, 신뢰, 안도감 등 긍정적인 요소를 구체적으로 묘사합니다.

색과 그림으로 감정을 표현해요

- 신체활동, 감정 표현활동으로 감정 단어를 찾습니다.
- 불안과 안정감을 각각 두 개의 그림으로 표현합니다.
  (추상적, 구체적 상관없음)
- 색상, 형태, 크기를 사용하여 각 감정의 강도와 특성을 시각화합니다.

- 두 그림을 연결하는 선, 패턴, 또는 상징적인 요소를 추가하여 불안과 안정감이 어떻게 관계를 맺고 있는지 시각적으로 나타내어 감정을 연결합니다.

불안과 안정이 나누는 특별한 대화

- 감정 단어 선택 후 짧은 글짓기, 감정 단어 메모리카드 게임 활동을 진행합니다.
- '불안'과 '안정감'을 각각 하나의 인격화된 존재로 생각하고 대화를 짧게 작성합니다.
- 두 마음이 서로 어떤 이야기를 나누는지 상상하며 감정을 더 깊이 이해합니다.

내 마음의 균형을 찾아가는 마무리

- 그림과 글을 바탕으로 이 두 가지 감정을 어떻게 다루고 싶은지 또는 앞으로 어떤 균형을 이루고 싶은지에 대한 목표를 설정합니다.
- 자신에게 보내는 격려의 글을 적으며 활동을 마무리합니다.

2) 활동 효과

마음의 균형을 찾아가는 치유의 시간

불안과 안정이라는 상반된 감정을 탐구하며 내면의 상태를 명확히 인식하는 데 도움을 줍니다. 불안과 안정감이 공존하는 방식을 이해하고 두 감정을 균형 있게 관리할 수 있는 방법을 찾는 과정입니다. 불안은 두려움과 걱정, 압박감 등으로 나타나며 이를 직면함으로써 그 근본 원인을 파악할 수 있습니다. 반면, 안정감은 평온함, 신뢰, 안도감과 같은 긍정적인 요소를 포함하며 이러한 감정을 표현하는 과정은 감정적 균형을 경험하게 합니다.

이 활동의 핵심은 불안과 안정이라는 감정을 시각적, 언어적으로 표현하면서 내면의 혼란을 해소하고 자기 성찰의 기회를 제공하는 데 있습니다. 아이는 그림과 글을 통해 자신의 감정을 구체적으로 묘사하며 감정의 본질과 그 유발 요인을 더 깊이 이해하게 됩니다. 감정을 인정하고 수용하며 불안과 안정이 서로 어떻게 상호작용을 하는지를 탐구하는 과정은 감정적 균형을 도모하는 데 중요한 역할을 합니다.

창작 과정에서 아이는 자신의 강점과 자원을 발견하며 자존감을 강화할 수 있습니다. 불안을 표현하며 자신이 가진 걱정과 두려움을 드러내고 안정감을 묘사하며 자신의 긍정적인 자질에 집중하게 됩니다. 이러한 과정은 단순히 감정을 표현하는 것에서 그치지 않고 감정을 조화롭게 관리할 수 있는 실질적인 방법을 찾도록 도와줍니다.

결과적으로, 이 활동은 아이가 자신의 감정을 깊이 탐구하고 이해하며 상반된 감정을 조화롭게 다루는 능력을 기르는 데 효과적인 도구입니다. 이를 통해 내면의 평온과 자존감을 동시에 경험하며 균형 잡힌 정서 상태로 나아가는 길을 제시합니다.

2

내 감정의 색을 찾아 불안과 안정을 그려봐!

표현하기

그림으로 마음을 표현하는 힘

- **미술 치료적 효과:** 감정을 시각적으로 표현하는 과정은 내면의 감정을 외부에 드러내는 행위로 이를 통해 감정을 객관적으로 바라볼 수 있는 기회를 제공합니다.

- **자존감과의 연결:** 불안감은 자존감 저하의 주요 원인 중 하나로 이를 숨기지 않고 인정하고 표현함으로써 '감정을 관리할 수 있다.'라는 자기 효능감을 경험하게 됩니다.

- 안정감을 시각적으로 표현하는 것은 '내가 안정감을 느낄 수 있는 존재' 임을 상기시키며 자신에 대한 긍정적 이미지를 강화합니다.

감정의 균형을 찾는 미술의 마법

- **미술 치료적 효과:** 불안과 안정이라는 두 감정이 상호작용을 하는 관계를 표현함으로써 감정이 독립적이지 않고 함께 공존함을 깨닫게 됩니다. 이는 감정의 균형을 인식하고 불안 속에서도 자신이 가진 안정감을 발견할 수 있는 기회를 제공합니다.
- **자존감과의 연결:** 불안과 안정감 모두 '나의 일부'라는 점을 받아들임으로써, 자신의 감정적 다양성을 인정하게 됩니다. 이는 자기 비난을 줄이고 자기 수용 능력을 강화하여 자존감을 높이는 데 도움이 됩니다.

창작을 통해 나를 발견하는 여정

- **미술 치료적 효과:** 미술 활동을 통해 감정을 창의적으로 표현하면서 자신의 감정적 반응을 재발견하거나 새롭게 이해하는 과정을 겪습니다.
- **자존감과의 연결:** 자신의 감정을 시각적 언어로 표현하는 행위는 '나는 내 감정을 표현할 수 있는 능력이 있다.'라는 자신감을 심어줍니다.
- 창작 과정에서 성취감을 경험하며 자신의 감정과 표현 능력에 대한 긍정적인 평가로 이어질 수 있습니다.

그림 속에서 성장하는 나의 마음

- **미술 치료적 효과:** 감정을 그림으로 표현하고 나면 불안감을 다루는 자신의 전략, 안정감을 강화하는 방법 등을 명확히 인식할 수 있습니다. 이

는 자기 통찰의 기회를 제공합니다.

- **자존감과의 연결:** 불안감이 자신의 약점이 아닌 성장의 기회로 인식되며 이는 자신을 바라보는 시각을 긍정적으로 바꿉니다.
- 안정감을 표현하며 느낀 평온함은 '나는 안정감을 찾을 수 있는 능력이 있다.'라는 메시지로 작용해 자기 효능감을 높이고 이는 곧 자존감 향상으로 이어집니다.

감정을 통합하고 나를 수용하는 치유의 시간

- **미술 치료적 효과:** 불안과 안정이라는 상반된 감정을 하나의 캔버스에 통합적으로 표현하는 것은 '내가 이 두 감정을 동시에 가질 수 있다.'라는 자기 수용의 경험을 제공합니다.
- **자존감과의 연결:** 자기 수용은 자존감의 핵심 요소입니다. 두 감정의 통합 과정을 통해 '나의 모든 모습이 존중받을 가치가 있다.'라는 깨달음을 얻게 되어 자존감을 강화합니다.

불안과 안정감을 시각적으로 표현하는 미술치료 방법은 감정 수용과 자기표현을 촉진하여 자존감 향상에 매우 효과적입니다. 특히, 감정의 객관화, 자기 통찰, 그리고 감정 통합 과정을 통해 개인은 자신의 가치를 새롭게 인식하게 되고 이러한 과정은 긍정적인 자기 이미지를 형성하는 데 중요한 역할을 합니다.

3

두 감정의 손잡기: 서로 다른 감정 받아들이기

1) 화남과 즐거움의 친구 만들기

아이들이 상반된 감정을 표현하고, 이를 친구처럼 받아들이는 활동을 통해 감정 조절 능력과 자기 이해를 돕습니다. 이 활동은 아이들이 두 가지 상반된 감정을 시각적으로 표현하고 감정 간의 관계를 상상하며 긍정적인 이야기를 만들어보는 과정입니다. 아이들은 화남(부정적 감정)과 즐거움(긍정적 감정)을 각각 의인화해 그림으로 표현하고 이들이 서로 친구처럼 대화하거나 함께 어울리는 모습을 상상합니다.

화남과 즐거움을 캐릭터 화하여 상상하는 활동은 아이들이 추상적인 감정을 구체적인 형태로 시각화할 수 있도록 도와줍니다. 이를 통해 감정을 단순히 느끼는 것에서 벗어나 감정의 성격, 원인, 그리고 그것이 자신에게 미치는 영향을 더 명확히 이해할 수 있습니다. 또한, 감정을 의인화함으로써 아이들은 감정을 자신과 분리하여 객관적으로 바라볼 수 있는 능력을 키우게 됩니다.

이 과정은 감정의 복잡성을 단순화하며, 감정을 부정하거나 회피하지 않고 자연스럽게 받아들이는 데 도움을 줍니다. 특히 화남과 같은 부정적 감정도 친구처럼 바라보는 경험을 통해 감정에 대한 두려움이나 거부감을 줄이고 긍정적 감정과의 균형 있는 관계를 모색하는 기회를 제공합니다.

그뿐만 아니라, 감정 캐릭터의 상호작용을 상상하고 이야기로 풀어나가는 활동은 아이들의 창의적 사고와 상상력을 자극하며 사회적 기술을 간접적으로 학습할 수 있는 장을 마련합니다. 아이들은 이 활동을 통해 자신의 감정을 더 잘 이해하고 표현할 수 있는 능력을 배움으로써, 정서적 회복력과 자기 조절 능력을 강화할 수 있습니다.

결과적으로, 이 활동은 감정 이해와 조절 능력, 창의력, 그리고 자기 수용력을 종합적으로 향상하는데 기여하며 아이들이 긍정적인 정서적 성장의 기반을 다질 수 있도록 돕습니다.

2) 불안과 기쁨의 콜라주

불안과 기쁨을 콜라주(collage) 기법을 통해 표현하는 미술 활동이 자존감을 향상하는 데 도움을 줄 수 있다는 주제를 다룬 논문은 다양한 심리학 및 미술치료 관련 연구에서 다뤄질 수 있습니다. 그러나 구체적으로 불안과 기쁨을 콜라주로 표현하면서 자존감을 향상하는 활동에 초점을 맞춘

논문은 명확히 특정되지 않습니다. 다만, 관련된 여러 분야의 연구를 통해 그 가능성을 확인할 수 있습니다.

미술로 빚어내는 자존감의 빛

미술치료는 감정을 표현하고, 내면을 탐색하며, 개인의 자아 존중감을 증진하는 데 중요한 역할을 한다는 연구가 많습니다. 콜라주는 개별적인 감정이나 심리적 상태를 자유롭게 표현하는 기법의 하나로, 그 자체로 감정을 시각적으로 변형하고 표출하는 도구로 사용됩니다. 연구에 따르면 자기표현을 통해 자신의 감정을 객관적으로 볼 수 있고, 이는 자아 존중감을 높이는 데 이바지할 수 있습니다. 콜라주 작업을 통해 자신을 외적으로 표현하면서, 감정에 대한 자각과 통제감을 가질 수 있기 때문입니다.

불안에서 기쁨으로, 색으로 그리는 감정의 여정

불안과 기쁨은 매우 상반된 감정이지만 이를 시각적으로 표현하는 과정에서 감정의 균형을 찾아가려는 시도가 이뤄집니다. 콜라주 기법은 이러한 감정을 자유롭게 조합하고 변형할 수 있는 특징이 있어서 감정적 해소와 자기 인식을 동시에 할 수 있는 좋은 방법이 될 수 있습니다.

예를 들어, 불안은 혼란스러운 색깔이나 형태로 표현될 수 있고 기쁨은 밝고 생동감 있는 색상으로 나타낼 수 있습니다. 이 과정에서 감정을 분리하고 구체화하는 것은 불안을 감소시키고 기쁨을 시각적으로 강화하는 데 도움을 줄 수 있습니다.

조각을 엮어 완성하는 나만의 자존감 이야기

콜라주는 자기 내면을 시각적으로 탐색하고 자신의 감정을 재구성하는 데 유용한 기법입니다. 여러 연구에서 콜라주 기법이 자기 이해와 자아 존중감을 높이는 데 긍정적인 영향을 미친다고 보고되었습니다.

예를 들어, 자기 자신에 대한 긍정적인 이미지를 만들기 위해 콜라주를 활용하면, 자신의 강점이나 감정을 긍정적으로 표현할 수 있습니다. 또한 콜라주는 자기표현을 통해 자신의 감정을 외부로 드러내는 방식이기 때문에 자아 존중감 향상에 효과적일 수 있습니다.

생각을 바꾸면 마음도 달라져요!
긍정으로 리 프레이밍 하기

연결하기

리 프레이밍(Re framing)은 어떤 상황, 생각, 혹은 감정을 새로운 관점에서 바라봄으로써 부정적인 요소를 긍정적으로 전환하는 심리적 기법입니다. 특히, 자신의 단점을 장점으로 전환할 때 리 프레이밍은 강력한 도구가 됩니다. 이 과정은 단순히 '긍정적으로 생각하라.'는 것을 넘어 현실을 다른 각도에서 바라보는 사고방식의 전환을 의미합니다.

1) 리 프레이밍의 원리

• 맥락 바꾸기:

단점이 처한 환경이나 상황을 변화시켜 그 특성을 긍정적으로 보이게합니다.

예) 너무 꼼꼼하다 → "꼼꼼함 덕분에 실수를 줄이고 완성도를 높인다."

- 의미 바꾸기:

  단점이라고 여겼던 특성에 새로운 의미를 부여합니다.

  예) 고집이 세다 → "명확한 신념이 있고 쉽게 흔들리지 않는다."

긍정의 힘을 심어주는 리 프레이밍 목록

- 성격 및 행동

1. 소심하다 → "나는 세심하고 주의를 기울이는 사람이야."

2. 고집이 세다 → "나는 신념이 뚜렷하고 쉽게 흔들리지 않아."

3. 걱정이 많다 → "나는 꼼꼼히 준비하며 리스크를 줄이는 능력이 있어."

4. 느리다 → "나는 신중하고 정확하게 일을 처리해."

5. 즉흥적이다 → "나는 유연하고 창의적인 사람이야."

- 관계와 소통

1. 사람들과 잘 어울리지 못한다 → "나는 독립적이고 나만의 시간을 소중히 여길 줄 알아."

2. 의존적이다 → "나는 도움을 요청하고 협력하는 능력이 있어."

3. 말이 많다 → "나는 대화를 통해 분위기를 밝게 만들 수 있어."

4. 말이 적다 → "나는 경청하며 상대방을 깊이 이해하려고 노력해."

5. 쉽게 화를 낸다 → "나는 감정을 솔직하게 표현할 줄 알아."

• 학습과 업무

1. 결정을 잘 못 내린다 → "나는 다양한 가능성을 신중히 고민할 줄 알아."

2. 완벽주의자다 → "나는 높은 퀄리티를 중요하게 생각해."

3. 실수가 많다 → "나는 실수를 통해 성장하고 있어."

4. 새로운 시도를 두려워한다 → "나는 안정적인 선택을 통해 리스크를 줄이고 있어."

5. 계획을 자주 바꾼다 → "나는 변화에 유연하게 대처할 줄 알아."

• 외모와 습관

1. 체격이 왜소하다 → "나는 민첩하고 활동적이야."

2. 체격이 크다 → "나는 든든하고 힘이 느껴지는 사람이야."

3. 목소리가 작다 → "나는 조용하지만 진중한 인상을 줄 수 있어."

4. 목소리가 크다 → "나는 에너지가 넘치고 존재감이 있어."

5. 겉모습에 자신이 없다 → "내 개성과 내면의 아름다움이 더 중요해."

• 감정과 태도

1. 쉽게 우울해진다 → "나는 감정에 민감하고 공감 능력이 뛰어나."

2. 겁이 많다 → "나는 신중하고 위험을 잘 감지해."

3. 감정 기복이 심하다 → "나는 감정적으로 풍부한 사람이야."

4. 지나치게 긍정적이다 → "나는 주변에 희망을 주는 힘이 있어."

5. 쉽게 포기한다 → "나는 실패를 빨리 인정하고 새로운 길을 찾을 줄 알아."

• 일상적인 모습

1. 게으르다 → "나는 효율적인 방법을 찾는 데 능숙해."

2. 정리가 서툴다 → "나는 창의적으로 문제를 해결해."

3. 돈을 잘 쓰지 않는다 → "나는 재정적으로 신중하고 계획적이야."

4. 돈을 잘 쓴다 → "나는 현재를 즐기고 삶을 풍요롭게 만들어."

5. 너무 소박하다 → "나는 물질보다는 내면의 가치를 중요하게 생각해."

활용 팁

• 스스로 말해보기: 매일 한 가지 리 프레이밍 문장을 소리 내어 반복합니다.

• 일기 쓰기: 부정적 상황에서 떠오른 생각을 긍정적으로 전환해 기록합니다.

• 친구와 나누기: 긍정적인 문장을 대화 속에서 활용해 분위기를 밝게 만듭니다.

리 프레이밍 목록은 스스로에게 긍정적인 변화를 심어주고 나 자신을 있는 그 대로 사랑할 수 있도록 도와줍니다.

2) 리 프레이밍 적용 방법

• 부정적인 생각 탐색하기

스스로 '단점은 무엇인가?'를 적어 보며 부정적인 부분을 인지합니다.

• 긍정적 대안 찾기

각 단점이 다른 맥락에서는 긍정적으로 작용할 수 있는지 고민합니다.

'이 특성으로 무언가 도움이 될 수 있을까?'

• 실천을 통해 강화

새로운 관점에서 행동으로 보여줄 기회를 찾습니다.

예를 들어, 꼼꼼함을 발휘해야 하는 프로젝트에 자발적으로 참여합니다.

• 일상에서 연습하기

작은 일부터 적용하며 리 프레이밍 능력을 키웁니다.

예) '오늘 일이 꼬였다.' → '이 실수를 통해 배울 기회가 생겼다.'

3) 리 프레이밍의 세 가지 효과

나는 나만의 멋진 점이 있어!

내가 가진 멋진 점들을 발견하고 자신을 더 사랑하게 됩니다. 자신감이 쑥쑥 자라납니다.

리 프레이밍은 상황이나 자신에 대한 부정적인 시각을 긍정적으로 재해석하는 사고방식으로, 단점에 갇히지 않고 새로운 가능성을 발견하게 해주는 힘을 가지고 있습니다.

문제를 뿅! 해결!

어려운 일이 생겨도 새로운 방법을 찾아내는 힘이 생깁니다. 멋진 아이디어가 떠오를 것입니다. 리 프레이밍은 자신의 약점이나 실수를 새로운 관점에서 바라보게 해줍니다. 예를 들어, '나는 항상 실수해.'라는 생각을 '실수는 성장하는 과정에서 자연스러운 일이야.'로 바꾸는 방식입니다. 이를 통해 자기비판을 줄이고 자기 수용을 강화할 수 있습니다.

친구랑 더 친해지기!

친구의 부족한 점도 이해하고, 좋은 면을 볼 수 있는 눈이 생깁니다. 더 즐겁고 행복한 관계를 만들 수 있습니다. 리 프레이밍은 상황이나 대상을 다른 관점에서 바라보게 하여 부정적인 해석을 긍정적으로 변화시키는 과정입니다. 이를 통해 관계 향상에 긍정적인 효과를 줄 수 있습니다.

감정의 충돌 속에서 찾는 긍정 감정 탐구

걱정과 존재의 희망 사이에서 갈등하는 자신에 대해 탐색하는 질문들은 매우 깊은 자기 성찰을 유도할 수 있습니다. 자기 내면을 이해하고 걱정의 원인과 그것을 극복할 수 있는 방법을 찾는 데 도움을 줄 수 있는 질문들을 아래와 같이 만들어 보았습니다.

1. 내가 지금 가장 걱정하는 것은 무엇일까?

- **목표**: 현재 느끼고 있는 걱정의 정확한 원인을 파악하기.
- **이유**: 걱정의 대상을 명확히 하는 것만으로도 문제를 더 잘 이해할 수 있습니다.

2. 이 걱정이 나에게 어떤 영향을 미치고 있을까?

- **목표**: 걱정이 나의 감정이나 행동에 미치는 영향을 파악하기.
- **이유**: 걱정이 나의 삶에 어떤 부정적인 영향을 끼치는지 이해하고 그것을 해결할 필요성을 느끼게 합니다.

3. 이 걱정이 사실인지, 아니면 내가 만든 불안일까?

- **목표:** 걱정의 실체를 점검하고 불확실성에서 벗어나는 방법을 찾기.
- **이유:** 걱정이 사실이 아닐 때 그저 불안으로 지나치게 확대된 감정일 수 있어서 그것을 분별해 보는 것이 중요합니다.

4. 이 걱정을 해결하기 위해 내가 할 수 있는 일은 무엇일까?

- **목표:** 걱정에 대한 해결책을 찾아보며 자신이 통제할 수 있는 부분을 찾기.
- **이유:** 걱정은 해결 방법을 모를 때 더 크게 다가오기 때문에 실천 가능한 방법을 생각해 보는 것이 중요합니다.

5. 내가 존재하는 이유는 무엇일까? 나는 어떤 가치를 가지고 있나?

- **목표:** 존재의 의미와 가치를 찾는 질문.
- **이유:** 자신이 왜 존재하는지, 어떤 가치를 가졌는지를 돌아보면 존재의 의미를 찾는 데 도움이 되고 희망을 얻을 수 있습니다.

6. 나는 어떤 상황에서 가장 나답다고 느끼는가?

- **목표:** 자신이 진정으로 원하는 모습을 발견하고 그것을 추구하는 방법 찾기.
- **이유:** 자신이 가장 편안하고 자신감 있게 느끼는 순간을 찾으면 존재감을 확립하는 데 도움이 됩니다.

7. 내가 나로서 존재하기 위해 가장 필요한 것은 무엇일까?

- **목표**: 나로서 존재하기 위한 필수적인 요소를 찾기.

- **이유**: 존재감을 찾고 자신을 인정하기 위해 어떤 조건이나 지원이 필요한지 명확히 할 수 있습니다.

8. 내가 나를 가장 잘 지지해 주는 사람은 누구일까?

- **목표**: 자신을 지지해 주는 대상을 찾아보는 질문하기.

- **이유**: 내가 나로서 존재할 수 있도록 도와주는 사람이나 관계를 인식하는 것이 중요합니다.

9. 내가 걱정하는 것 중에서 내가 바꿀 수 있는 것은 무엇일까?

- **목표**: 통제할 수 있는 부분과 그렇지 않은 부분을 구별하기.

- **이유**: 걱정이 내가 바꿀 수 있는 것과 그렇지 않은 것을 구별할 수 있을 때 더 이상 불필요한 걱정에 시달리지 않게 됩니다.

10. 나는 무엇을 통해 내가 존재하는 이유를 더 확실히 알 수 있을까?

- **목표**: 자신에게 의미 있는 활동이나 경험을 찾기.

- **이유**: 내가 존재하는 이유를 확실히 알게 되면 그에 대한 확신이 생기고, 더 큰 희망을 품을 수 있습니다.

11. 내가 나를 가장 잘 표현할 수 있는 활동은 무엇일까?

- **목표**: 자신을 표현할 수 있는 방법을 찾아보는 질문하기.

- **이유**: 자신을 잘 표현할 수 있는 활동을 통해 자아를 더욱 확립하고 존재 감을 느낄 수 있습니다.

12. 내가 느끼는 걱정이 나에게 어떤 교훈을 주고 있을까?

- **목표**: 걱정을 배우는 기회로 삼기.

- **이유**: 걱정이 반드시 부정적인 것만은 아닙니다. 걱정은 종종 중요한 교 훈을 전하려는 신호일 수 있어서, 그것에서 배울 점을 찾는 것이 중요합 니다.

13. 내가 나로서 존재하려면 가장 중요한 것은 무엇일까?

- **목표**: 나로서 존재하는 데 가장 중요한 가치를 찾기.

- **이유**: 자신의 본질을 파악하고 그것을 중심으로 살면 더 강력하게 존재 감을 느낄 수 있습니다.

14. 내가 가진 고유한 장점은 무엇인가? 그것을 어떻게 활용할 수 있을까?

- **목표:** 자신만의 장점을 발견하고 그것을 살려가기.
- **이유:** 자신만의 장점을 인식하고 그것을 실현해 나가면 자신감을 얻고, 존재감을 더욱 확립할 수 있습니다.

15. 이 모든 걱정과 갈등을 넘어설 수 있는 희망은 어디에서 찾을 수 있을까?

- **목표:** 희망의 원천을 찾고, 그것을 바라보는 방법을 탐구하기.
- **이유** 존재의 갈등을 넘어서는 데 가장 중요한 것은 희망입니다. 희망을 찾으면 모든 어려움도 더 쉽게 극복할 수 있습니다.

이 질문들은 자기 이해, 감정의 탐색, 목표 설정, 희망 찾기 등 여러 측면에서 자기 내면을 돌아보고, 걱정과 갈등 속에서도 자존감을 유지하며 나로서 존재하는 방법을 모색할 수 있도록 돕는 역할을 합니다.

내 마음속 두 마음

1. 요즘 네가 가장 걱정하고 있는 건 뭐야?

2. 그 걱정이 너에게 어떤 기분을 느끼게 하고, 어떻게 행동하게 만들고 있어?

3. 그 걱정이 진짜 일어날 일일까, 아니면 네가 상상해서 더 크게 느끼는 걸까?

4. 그 걱정 중에서 네가 스스로 바꿀 수 있는 건 뭐라고 생각해?

5. 네가 너답게 느끼려면 가장 필요한 건 뭐라고 생각해?

6. 네가 제일 믿고 의지할 수 있는 사람은 누구야?

7. 네가 잘하는 건 뭐야? 그리고 그걸 어떻게 더 잘할 수 있을까?

8. 네가 제일 편안하고 자신감 있는 순간은 언제야?

9. 네 마음을 가장 잘 표현할 수 있는 활동은 뭐라고 생각해?

10. 너를 행복하게 하고, 희망을 주는 건 어디에서 찾을 수 있을까?

생각의 문을 여는 질문 노트

지금 내가 제일 걱정하는 건 뭐야?

✦ 죽음이에요.

- -

이 걱정을 해결하려면 내가 뭐부터 할 수 있을까?

✦ 밥도 열심히 먹고 운동도 열심히 할 거야. 그러면 걱정이 줄어들 수 있어요.

- -

내가 걱정하는 것 중에서 내가 바꿀 수 있는 건 뭐가 있을까?

✦ '가족과 오래 살기'는 내가 노력한다면 바꿀 수 있는 걱정이에요.

- -

내가 걱정하는 것 중에서 내가 바꿀 수 있는 건 뭐가 있을까?

✦ 나의 특별한 점은 큰 키예요.

내가 가진 특별한 장점은 무엇일까? 그것을 어떻게 잘 쓸 수 있을까?

✦ 내가 가진 특별한 점은 큰 키이고 난 그 큰 키를 이용해 농구를 잘할 거예요.

✦ 더 똑똑해지고 스피드와 순발력을 키우면 나의 걱정거리들은 줄어들 거예요.

나는 왜 여기 있을까? 나는 어떤 특별한 점이 있을까?

✦ 바보가 되지 않기 위해 학교에 왔고 나의 특별한 점은 그냥 나 자신이 특별하다는 거예요.

내가 가진 특별한 장점은 무엇일까? 그것을 어떻게 잘 쓸 수 있을까?

✦ 내가 가진 특별한 장점은 사랑하는 친구들과 가족이 있다는 거예요.

✦ 가족들과 친구들을 따뜻하게 안아줄 수 있어요.

자존감은 그려지는 거야

내가 걱정하는 것 중에서 내가 바꿀 수 있는 건 뭐가 있을까?

✦ 태권도 심사예요.

걱정과 어려움을 넘어서 나를 힘 나게 할 수 있는 희망은 어디에서 찾을 수 있을까?

✦ 열심히 연습하다 보면 자신감이 생기고 용기가 생겨요.

✦ 나의 노력이 걱정과 불안을 희망으로 바꿀 수 있어요.

지금 내가 제일 걱정하는 건 뭐야?

✦ 공부예요.

- -

내가 나답게 살려면 무엇이 가장 필요할까?

✦ 중꺽마(중요한 것은 꺽이지 않는 마음)으로 열심히 공부해야지요.

- -

✦ 걱정과 어려움을 넘어 희망을 찾기 위해선 책임지고 노력하는 거예요.

- -

어떤 상황에서 나는 가장 나다운 느낌이 들까?

✦ 무대에 서면 긴장하기도 하지만 피아노를 치는 내가 가장 나다워요.

- -

✦ 내가 나답게 살려면 '자신감'이 필요하다. 난 할 수 있어요.

- -

걱정과 어려움을 넘어서 나를 힘나게 할 수 있는 희망은 어디에서 찾을 수 있을까?

✦ 지금 내가 제일 걱정되는 것은 강아지요. 이상한 소리를 내서 걱정되면 동물병원에 가면 돼요.

- -

잘 놀아주고 간식도 잘 주고 잠도 같이 자주면 별일 없을 거예요.

- -

Part 4

창문 밖 세상에 비친
나를 그리다

Window Metaphor Technique

DuEuGene
The world
in pause

DuEuGene
The world
in pause

'창 너머, 고요한 풍경.'

고요한 오후, 카페 창가에 앉아 커피 한 잔과 함께 창밖을 바라보았다. 따뜻한 햇살이 스며든 공간에서 커피 향기, 책장 넘기는 소리, 잔잔한 음악이 어우러져 모든 것이 천천히 흐르고 있었다. 창밖에는 부드러운 바람이 나뭇가지를 흔들며 속삭였고 나는 그 리듬 속에서 자연과 하나가 되는 평온함을 느꼈다.

푸른 하늘과 평화로운 거리, 느긋하게 걸어가는 사람들 속에서 내 마음의 긴장감은 서서히 풀어졌다. 햇살을 받는 식물들과 바람에 흔들리는 꽃들이 시간을 초월한 듯한 아름다움을 간직하고 있었고 나는 그 고요함 속에서 삶의 단순하고 소중한 본질을 깨달았다.

길 위를 걷는 아이들의 소리나 차의 소음조차도 내게는 조용한 음악처럼 들렸다.

나는 커피의 온기를 느끼며 고요함 속에서 삶이 자연스럽게 흘러가고 있음을 그리고 그 순간이 진정한 아름다움임을 실감했다. 삶의 선물은 그저 존재하는 것만으로도 충분하다는 깨달음과 함께 창밖 풍경을 다시금 마음에 새겼다.

1

창문 너머, 상상의 세계로 떠나는 탐험 여행

살펴보기

내가 무엇을 원하고 필요한가?

아이가 창문 밖으로 보고 싶은 세상을 그리면서 자신이 어떤 환경에서 평화롭고 행복할지를 탐색합니다. 이를 통해 아이는 자신이 원하는 것을 명확히 이해하고 그 욕구를 존중하게 됩니다. '내가 무엇을 원하고 필요한가?'라는 질문에 대한 답을 찾는 과정은 자기 인식을 높이고 자기 존중감을 향상하게 시킵니다.

어떤 삶을 꿈꾸는가?

이 활동은 아이가 자유롭게 자신의 감정, 욕구, 희망을 표현하는 기회를 제공합니다. 창문 밖을 통해 보고 싶은 세상을 상상하고 그리면서 자신이 어떤 감정을 느끼고 무엇을 원하며 어떤 삶을 꿈꾸는지 외부로 표현할 수 있습니다. 자기감정을 표현하는 이 과정은 자아 존중감을 높이는 데 중요한 역할을 합니다.

나는 내 삶을 이끌어갈 수 있는 존재인가?

아이는 창문 밖 세상을 그리면서 자신이 원하는 세상이나 상황을 적극적으로 만들어가는 과정을 경험합니다. 이는 '나는 내 삶을 이끌어갈 수 있는 존재'라는 긍정적인 메시지를 아이에게 전달하며 자존감을 향상하는 데 중요한 역할을 합니다. 특히, 아이가 자신의 꿈과 목표를 명확히 시각화하면 자기 효능감과 자아 존중감이 함께 강화됩니다.

내가 원하는 세상을 상상하자

'내가 원하는 세상'을 그리면서 아이는 자신에게 중요한 가치나 꿈을 재조명하게 됩니다. 이 과정에서 아이는 긍정적인 상상력을 활용하여 자신이 꿈꾸는 이상적인 세상을 그리며 이는 아이에게 긍정적인 자아 이미지를 형성하는 데 도움을 줍니다.

마음속 여행: 감정 힐링과 심리 안정

창문 밖으로 펼쳐지는 이상적인 세상을 그리는 동안 아이는 감정적인 불안이나 혼란을 해소할 수 있습니다. 불안이나 스트레스가 많은 상황에서 아이는 자주 자신이 원하는 세상에 대한 이미지를 떠올리며 이를 시각적으로 표현하면서 마음을 안정시킬 수 있습니다. 이러한 과정은 자기 위안과 감정 해소를 통해 자존감을 높이는 데 이바지합니다.

1) 창밖의 세상, 내 안의 이야기

이 활동은 아이가 자신이 느끼는 감정이나 상태를 '창문 밖의 세상'을 통해 상징적으로 표현함으로써 내면을 탐색하고, 자신이 겪고 있는 감정이나 상황에 대한 인식을 높이며 감정 해소와 자아 발견을 돕는 데 중점을 둡니다. 창문을 통해 밖의 세상을 바라보는 행위는 아이가 자신의 마음을 외부와 비교하고, 자신을 다른 시각에서 볼 수 있는 기회를 제공합니다.

마음의 문을 열다, 주제 설정과 감정탐험

아이에게 '창문 밖의 세상'이라는 주제를 제시하고, 창문을 통해 바라보는 세상에 대한 이미지를 떠올려보도록 유도합니다. 이때, 아이는 자신의 현재 마음 상태를, 창문을 통해 보이는 풍경이나 이미지를 통해 상징적으로 표현합니다.

"지금 내 마음속 풍경은 어떤 모습일까요?"

"창문을 통해 보이는 세상은 밝고 맑은가요? 아니면 흐리고 비가 오는가요."

"내가 바라보는 세상은 평화로운가요? 아니면 혼란스러운가요?"

창조의 시작, 미술 재료와의 첫 만남

아이는 자유롭게 다양한 미술 재료를 활용하여 창문을 그리거나 붙이기 시작합니다. 창문을 그릴 때는 아이가 원하는 크기와 형태로 창문을 그리고 그 창문을 통해 보이는 '내 마음'을 표현할 수 있도록 유도합니다.

- 종이, 캔버스 또는 큰 종이
- 색연필, 물감, 크레용, 마커
- 잡지나 신문, 사진 등 콜라주 재료
- 가위, 풀, 테이프 등

내면의 창을 열며, 창문 그리기

아이에게 창문을 그리게 합니다. 창문은 그 자체로 '내 마음'을 외부와 연결하는 중요한 역할을 하며 감정을 표현하는 중요한 도구가 됩니다. 창문은 단순한 사각형이 될 수도 있고 아이가 상상하는 대로 더 다양한 형태로 그릴 수 있습니다.

세상의 풍경 담기, 창밖 이야기 그리기

창문을 그린 후 아이는 창문 밖에 보이는 세상을 표현합니다. 이때, 세상은 아이가 느끼는 감정과 상태를 반영합니다.

• 불안: 흐리고 어두운 하늘, 폭풍우, 혼란스러운 도시 풍경 등
• 안정감: 맑고 평화로운 하늘, 푸른 자연, 고요한 바다 등
• 희망: 밝고 따뜻한 햇살, 꽃이 만개한 들판 등
• 갈등: 어두운 구름, 번쩍이는 번개, 뒤엉킨 선들 등

이 과정에서 아이는 자신이 느끼는 감정의 색상, 형태, 분위기 등을 자유롭게 표현하면서 감정을 시각적으로 풀어낼 수 있습니다.

조각과 이야기가 만나다, 콜라주로 빚는 나만의 작품

아이가 '창문 밖 세상'에 보이는 감정을 더 풍성하게 표현할 수 있도록 콜라주 기법을 사용할 수 있습니다. 예를 들어, 잡지나 신문에서 자신이 느끼는 감정이 연관된 단어, 이미지, 사진 등을 잘라서 창문 밖 풍경에 추가할 수 있습니다. 이 과정은 아이가 자신의 감정을 더 구체적으로 시각화하고 감정에 대한 통찰을 얻는 데 도움이 됩니다.

마음을 나누다, 작품 속 감정 이야기와 공유

작품이 완성되면 아이에게 창문 밖의 세상과 그 안의 감정에 관해 이야기하도록 합니다. 예를 들어, "이 창문 밖의 세상은 어떤 의미를 지니나요?", "왜 이 풍경을 선택했나요?", "이 그림 속에서 내가 느끼는 감정은 무엇인가요?" 등의 질문을 던져 그 작품을 통해 내면을 탐색하고 감정을 명확히 표현할 수 있도록 돕습니다.

2) 활동의 효과

마음 깊은 곳을 들여다보다: 내면의 감정 탐구

창문을 통해 자신을 돌아보고 자신의 감정 상태를 시각적으로 외화하는 과정에서 아이는 자신의 감정을 명확하게 인식하고 이를 건강하게 표현할 수 있게 됩니다.

나를 알아가는 시간: 자아 인식의 성장

아이는 창문 밖을 바라보는 행위로 자신의 마음을 다른 시각에서 바라볼 수 있습니다. 외부의 세상을 통해 내면을 탐색하면서 자아 인식이 향상되고 자신에 대한 이해가 깊어집니다.

감정을 비우고 채우다: 해소와 치유의 순간

감정을 그림과 콜라주로 표현하면서 아이는 자신의 감정을 안전하고 창의적인 방식으로 해소할 수 있습니다. 이를 통해 스트레스를 완화하고 감정적으로 안정감을 찾을 수 있습니다.

표현 속에서 발견하는 나의 진짜 모습

창문을 통해 '밖의 세상'을 상상하고 그리는 것은 아이에게 감정을 자유롭게 표현할 수 있는 기회를 제공합니다. 또한, 이는 자아 존중감을 높이는 데도 도움이 됩니다.

3) 변형된 활동: 창문을 통해 미래를 그리다

이 활동은 아이가 창문 밖 풍경을 현재가 아닌 미래의 모습으로 그려보는 과정을 통해 자신의 희망이나 목표를 시각적으로 표현할 수 있도록 돕습니다. 아이는 창문을 한 장씩 그려 나가며 그 안에 담긴 다양한 감정을 자유롭게 표현할 수 있고 이를 시간의 흐름이나 상황의 변화에 따라 해석하며 상상력을 확장할 수 있습니다.

이 활동은 아이의 감정을 자연스럽게 탐색하고 시각적으로 표현하는 과정을 제공하여 마음을 정리하고 자신을 이해하는 데 큰 도움을 줍니다. 창문이라는 익숙하고 친근한 이미지를 활용한 이 기법은 아이가 외부 세계를 바라보는 동시에 자기 내면을 새로운 시각으로 들여다볼 수 있도록 이끌어줍니다.

　부모님도 이 활동에 함께 참여하여 아이의 그림 속에 담긴 생각과 감정을 이해하고, 아이와 소통하는 특별한 시간을 만들어볼 수 있습니다. 미래를 그리며 마음을 나누는 창문 활동은 가정에서 간단히 시도할 수 있는 효과적인 미술치료 방법으로 아이와 부모 모두에게 따뜻한 경험을 선사할 것입니다.

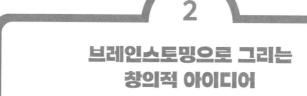

2

브레인스토밍으로 그리는
창의적 아이디어

표현하기

'내가 창밖으로 보고 싶은 것들에 대한 브레인스토밍'은 아이가 자신이 원하는 이상적인 외부 세계나 환경을 상상하고 이를 통해 자신의 내면적 욕구, 감정, 목표 등을 탐색하는 활동입니다. 이 과정은 아이가 자신이 느끼는 감정과 요구사항을 더 잘 이해하고, 이를 표현하는 데 중요한 역할을 합니다. 또한, 이러한 브레인스토밍 활동은 아이의 자아 인식과 감정 해소에 긍정적인 영향을 미칩니다.

아이에게 '지금 내가 창밖으로 보고 싶은 세상은 어떤 모습일까?'라는 질문을 던집니다. 아이는 자신의 이상적인 풍경이나 환경을 자유롭게 떠올리며 이를 목록으로 적거나 그림으로 그릴 수 있습니다.

브레인스토밍 효과

감정 나침반: 마음의 방향 찾기

창밖으로 보고 싶은 것을 떠올리는 과정에서 아이는 자신이 현재 어떤 감정 상태에 있는지 무엇을 갈망하고 있는지를 직관적으로 느낄 수 있습니다. 예를 들어, 아이가 평화롭고 고요한 풍경을 원한다고 하면, 이는 그들이 안정을 갈망하고 있다는 신호일 수 있습니다. 반대로 활동적인 도시 풍경이나 대자연을 원하면 아이는 새로운 변화나 도전을 원할 수도 있습니다.

내면의 목소리: 진짜 나를 만나는 시간

아이가 창밖으로 보고 싶은 것에 대해 브레인스토밍하면서 자신이 가지고 있는 깊은 욕구나 희망을 명확하게 드러낼 수 있습니다. 예를 들어, 아이가 '푸른 바다와 넓은 하늘'을 원한다고 하면 이는 자유로움이나 개방적 사고를 바라는 마음일 수 있습니다. 이 과정을 통해 자신이 원하는 삶의 방향성이나 중요한 가치들을 발견할 수 있습니다.

감정 서핑: 스트레스 위를 자유롭게

내가 원하는 풍경을 상상하는 것은 아이가 현재 겪고 있는 스트레스나 불안감을 해소하는 데 도움이 될 수 있습니다. 창밖으로 보고 싶은 것들을 상상하면서 아이는 자신에게 필요한 것들 편안함, 안정감, 자유 등을 자각하고, 그것을 상상으로 현실화하는 것만으로도 감정적 안정감을 느낄 수 있습니다. 이 과정은 스트레스를 줄이고, 마음의 평화를 가져오는 데 중요한 역할을 합니다.

미래 스케치: 나의 가능성을 그리다

아이가 창밖으로 보고 싶은 것들을 상상하는 것은 현재의 감정이나 상황을 넘어서 미래의 가능성에 대해 생각할 수 있게 도와줍니다. 예를 들어, 아이가 '자연 속에서의 평화로운 일상'을 상상한다고 할 때 이는 그들이 추구하는 이상적인 삶의 방식이나 미래에 대한 긍정적인 비전을 형성할 수 있는 기회가 됩니다. 이는 아이가 자기 삶의 목표나 방향성을 설정하는 데 도움이 됩니다.

창의 스파크: 마음에서 아이디어로

창밖으로 보고 싶은 것들을 자유롭게 상상하고 표현하는 활동은 아이가 자신의 감정을 창의적으로 풀어낼 수 있는 기회를 제공합니다. 그림, 글쓰기, 말하기 등 다양한 방식으로 자신이 보고 싶은 세상에 대해 표현함으로써 아이는 창의적 사고를 자극하고 이를 통해 자신을 더욱 깊이 이해할 수 있습니다.

빛나는 나: 자존감을 채우는 시간

'내가 보고 싶은 세상'을 상상하고 그리면서 아이는 자기 내면의 요구와 바람을 존중하게 됩니다. 이는 자아 존중감을 높이는 데 긍정적인 영향을 미칩니다. 자신이 원하는 것을 명확히 하고 그것을 상상할 수 있다는 것은 아이가 자신의 욕구와 가치를 인식하고 존중하는 중요한 과정이기 때문입니다. 이 활동은 아이가 창문 밖 풍경을 현재가 아닌 미래의 모습으로 그려보는 과정을 통해 자신의 희망이나 목표를 시각적으로 표현할 수 있도록 돕습니다. 아이는 창문을 한 장씩 그려 나가며 그 안에 담긴 다양한 감정을 자유롭게 표현할 수 있고, 이를 시간의 흐름이나 상황의 변화에 따라 해석하며 상상력을 확장할 수 있습니다.

이 활동은 아이의 감정을 자연스럽게 탐색하고 시각적으로 표현하는 과정을 제공하여 마음을 정리하고 자신을 이해하는 데 큰 도움을 줍니다. 창문이라는 익숙하고 친근한 이미지를 활용한 이 기법은 아이가 외부 세계를 바라보는 동시에 자기 내면을 새로운 시각으로 들여다볼 수 있도록 이끌어줍니다.

부모님도 이 활동에 함께 참여하여 아이의 그림 속에 담긴 생각과 감정을 이해하고, 아이와 소통하는 특별한 시간을 만들어볼 수 있습니다. 미래를 그리며 마음을 나누는 창문 활동은 가정에서 간단히 시도할 수 있는 효과적인 미술치료 방법으로 아이와 부모 모두에게 따뜻한 경험을 선사할 것입니다.

심리 오아시스: 마음의 균형을 되찾다

아이가 자신이 '보고 싶은 것'을 구체적으로 떠올리면서 자기 내면을 살피고 자신이 진정으로 원하는 것을 깨닫는 과정에서 심리적 안정과 균형을 찾을 수 있습니다. 이 활동은 아이가 감정적으로 혼란스러울 때 외부 세계를 이상화하고 그것을 통해 내면의 갈등을 해소할 수 있게 도와줍니다. 이 활동은 아이가 자기 내면을 깊이 이해하고 그 감정이나 욕구를 자유롭게 표현하면서 자기 이해와 자아 존중감을 높이는 데 큰 도움이 됩니다.

3

내 마음을 세상과 잇다:
창문 속 감정의 다리

상상하기

아이가 떠올린 각 풍경을 자신이 느끼는 감정과 연결해 보도록 유도합니다. 예를 들어, '푸른 하늘'은 자유로움과 희망을 나타낼 수 있고 '조용한 바닷가'는 안정감을 나타낼 수 있습니다. 이를 통해 아이는 자신이 원하는 감정적 상태를 명확히 인식할 수 있습니다.

1) 예술로 마음을 어루만지다: 활동의 치유적 매력

마음 캔버스: 내면을 비추는 풍경 그리기

아이가 떠올리는 풍경은 자신의 내면 상태를 반영하는 심리적 투영물로 작용합니다. 풍경을 선택하거나 표현하는 과정에서 무의식적으로 자신의 감정을 드러낼 수 있습니다.

감정 스펙트럼: 풍경 속 나를 찾다

풍경과 감정을 연결하는 활동은 자신의 감정을 더 명확히 이해하고 통찰하도록 도와줍니다. 예를 들어, '푸른 하늘'이 자신에게 희망을 상징한다는 것을 깨닫는 순간, 아이는 스스로가 바라는 감정적 상태를 인식하게 됩니다.

힐링 스케치: 마음의 색깔을 담아내다

평온하거나 긍정적인 풍경을 시각화하고 미술로 표현하는 과정은 스트레스를 줄이고 심리적 안정감을 제공합니다. 아이가 자신의 이상적 상태를 창조하는 과정은 희망과 긍정적 정서를 강화합니다.

비언어의 초대: 그림으로 말하는 나의 이야기

말로 표현하기 어려운 감정을 그림이나 색채를 통해 시각적으로 나타내는 과정에서, 아이는 자신의 감정을 더욱 자유롭고 깊이 탐색할 수 있습니다. 이 과정은 감정을 끌어내거나 구체화할 수 있는 기회를 제공하며 아이가 자신의 감정을 보다 명확히 이해하고 표현할 수 있도록 도와줍니다. 또한, 색상과 형태를 활용해 감정의 강도와 특성을 시각적으로 표현함으로써 내면의 혼란을 해소하고 심리적 안정감을 느낄 수 있습니다.

2) 나만의 색으로 그려보는 창조의 과정

내면의 풍경화: 마음을 담아내는 시간

아이에게 눈을 감고 다양한 풍경을 떠올리도록 유도합니다. "지금 편안하고 안전하다고 느껴지는 풍경을 하나 떠올려보세요. 어떤 모습인가요?" 떠올린 풍경이 어떤 감정을 나타내는지 질문하며 아이의 생각을 확장하게 합니다.

감정의 풍경: 내 마음의 한 조각

이 풍경은 당신에게 어떤 감정을 불러일으키나요? 예를 들어, '맑은 강물'은 깨끗함과 새로움의 시작을 떠올리게 할 수 있고 '초록 들판'은 활력과 안정감을 느끼게 할 수 있습니다. 각 풍경이 내포하는 색채와 분위기는 개인의 경험과 연관되어 다양한 감정을 불러일으킬 수 있습니다. 이와 같은 질문을 통해 자신의 감정을 더욱 깊이 탐구하고 풍경과 감정의 연결 고리를 발견할 수 있습니다.

힐링 아틀리에: 풍경으로 풀어내는 감정 이야기

아이가 떠올린 풍경을 그림이나 콜라주 등 다양한 방식으로 표현할 수 있도록 안내합니다. 색연필, 물감, 잡지, 가위, 풀 등을 충분히 준비하고 제공하며, 아이가 자신에게 가장 편안하고 적합한 표현 방식을 자유롭게 선택하도록 합니다. 이 활동은 아이가 창의적인 도구와 매체를 활용하여 자신의 내면을 시각적으로 표현할 수 있는 기회를 제공합니다. 표현 방식에 제한을 두지 않음으로써 아이는 스스로에게 가장 효과적인 방법으로 감정을 탐구하고 이해할 수 있게 됩니다.

풍경과 마음의 대화: 내면을 탐험하다

작품을 관찰하며 '왜 이 풍경이 당신에게 이런 감정을 떠올리게 했나요?' 와 같은 질문을 던져, 아이가 자신의 감정과 경험을 더 명확하게 이해하도록 도와줍니다. 이 과정에서 아이는 자신의 선택과 표현에 담긴 의미를 돌아보고 풍경이 자신에게 어떤 심리적 메시지를 전달하는지 발견할 수 있습니다. '이 풍경이 당신의 삶에서 어떤 기억이나 상황을 떠올리게 하나요?' 또는 '이 풍경 속에서 당신이 가장 끌리는 요소는 무엇인가요?' 같은 질문을 통해 작품과 내면의 연결을 구체화하고 감정의 의미를 확장합니다. 이를 통해 아이는 자신의 감정 상태를 새롭게 조명하고 풍경이 가진 상징적 의미를 통해 자신을 이해하고 수용하는 데 도움을 받을 수 있습니다.

3) 마음의 빛을 밝히다: 자존감을 키우는 특별한 여정

마음의 거울: 내면을 비추는 예술 여행

아이가 자신의 감정을 시각적으로 이해하고 표현하면서 자신을 수용하게 됩니다.

치유의 손길: 긍정 정서를 채우는 창작 시간

희망, 안정감, 자유로움 같은 긍정적인 감정 상태를 시각적으로 표현하고 경험하면서 정서적 균형이 향상됩니다.

마음의 터치: 자존감을 채우는 감성 캔버스

아이가 자신이 떠올리고 표현한 작품을 보며 '이건 내가 만든 것이야'라는 성취감을 느낄 수 있습니다.

긍정적인 감정을 창출하고 이를 시각화한 과정은 아이의 자존감을 높이는 데 이바지합니다.

성장의 풍경화: 내 안의 힘을 발견하다

풍경 속에서 자신이 원하는 감정적 상태를 인식하고 이를 작품으로 형상화하는 과정을 통해 스스로 감정의 주체임을 깨닫게 됩니다.

이 활동은 아이가 감정의 흐름을 이해하고 스스로 원하는 상태를 명확히 인식하며, 이를 시각적으로 표현함으로써 심리적 치유와 자존감 향상에 효과적입니다.

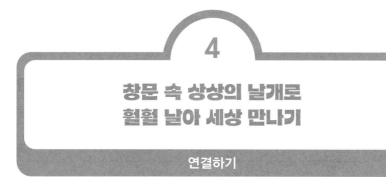

창문 속 상상의 날개로
훨훨 날아 세상 만나기

연결하기

창문 너머의 나: 현재와 희망을 그리다

아이가 창문을 매개로 자기 내면과 세상을 탐구하도록 돕는 과정입니다. 창문은 단순히 외부를 바라보는 도구를 넘어 아이의 심리적 상태를 반영하고 자신과 세상을 연결하는 상징적 역할을 합니다. 창문을 통해 보이는 세상은 아이의 현재 감정과 상태를 표현할 수 있는 공간이자 동시에 희망과 미래에 대한 비전을 담아내는 상상의 캔버스가 됩니다.

이 활동은 두 가지 주요 단계로 나뉩니다. 첫 번째로, 아이는 창문 밖 세상을 '현재의 나'를 나타내는 장면으로 묘사합니다. 이 과정에서 아이는 현재 느끼는 감정, 직면한 어려움, 그리고 자신을 둘러싼 환경 등을 시각적으로 표현하게 됩니다. 창문의 크기, 색상, 세부적인 묘사 등을 통해 아이의 현재 심리 상태와 내면의 이야기를 구체화할 수 있습니다.

두 번째로, 아이는 창문 밖의 세상을 '희망하는 나'로 상상하여 묘사합니다. 이 단계는 아이가 바라는 미래의 모습, 이루고 싶은 목표, 희망을 담은 장면을 시각화하도록 유도합니다. 창문 너머의 풍경은 아이가 자신의 희망과 가능성을 자유롭게 탐구할 수 있는 공간으로 긍정적인 자기 이미지를 형성하고 새로운 방향성을 설정하는 데 중요한 역할을 합니다.
이 활동은 감정 표현과 자기 성찰을 촉진하며 아이가 현재와 미래의 자신을 비교하고 연결하는 과정을 통해 내면의 변화를 인식하도록 도와줍니다.

또한, 창문이라는 시각적 매개체는 아이에게 친숙하면서도 상징적인 도구로 작용하여 자신의 감정을 더 자유롭게 표현할 수 있는 환경을 제공합니다. 활동 결과물을 통해 아이는 자신의 현재와 미래를 연결하는 구체적인 목표를 설정하고 자신에게 필요한 자원과 강점을 재발견할 수 있습니다.

결론적으로, 이 활동은 아이가 자신의 감정을 탐구하고 희망과 비전을 발견하며 이를 통해 긍정적인 변화를 위한 첫걸음을 내디딜 수 있도록 돕는 미술치료 기법입니다.

[질문 노트]

세상과 나를 잇는 창 너머 세상 탐구

아이가 '창문 밖 세상, 내 마음을 그리다' 활동을 진행한 후에 사용할 수 있는 질문 노트입니다. 이 질문들은 아이가 그린 작품을 통해 감정을 되짚어보고 자아 존중감을 높이는 데 도움이 될 수 있습니다.

1. 내가 창문 밖으로 보고 싶은 세상은 어떤 모습인가요?

• 이 질문은 아이가 상상한 이상적인 세계를 구체적으로 떠올리게 하여 자신이 원하는 삶이나 환경을 분명히 인식할 수 있도록 돕습니다.

2. 이 세상에서 내가 느끼는 감정은 무엇인가요?

• 아이가 그린 작품 속에서 어떤 감정을 느끼는지 살펴보며 자신의 감정에 대한 인식을 높일 수 있습니다. 감정에 대해 솔직하게 탐색하는 것이 중요합니다.

3. 이 창문 밖 세상은 내 삶의 어느 부분과 연결될 수 있을까요?

- 이 질문은 아이가 자신이 원하는 세상과 현재의 삶을 연결 짓고 실제로 자신이 바라는 변화를 이루기 위한 첫걸음을 인식하게 합니다.

4. 이 그림을 그리면서 내 마음이 어떤 변화를 겪었나요?

- 그림을 그리면서 아이가 경험한 감정의 흐름이나 변화를 되돌아보며 감정적인 해소와 자기 이해가 어떻게 이루어졌는지 점검할 수 있습니다.

5. 내가 원하는 세상을 만들기 위해 나는 어떤 첫 단계를 밟아갈 수 있을까요?

- 아이가 자신이 원하는 삶이나 상황을 꿈꾸는 것뿐만 아니라 그것을 현실로 만들기 위한 구체적인 계획을 세울 수 있게 유도하는 질문입니다.

6. 이 세상을 그리며 느낀 내가 원하는 가치나 목표는 무엇인가요?

- 아이가 이 활동을 통해 무엇을 추구하고자 하는지 그리고 그 가치가 자기 삶에 어떻게 영향을 미칠 수 있는지를 탐색하는 질문입니다.

7. 내가 창문 밖에서 바라보는 세상이 나에게 어떤 의미를 지니나요?

- 이 질문은 아이가 창문 밖을 통해 본 세계를 개인적인 의미와 연결하고 자신의 감정과 가치관에 대해 깊이 생각해 보는 데 도움을 줍니다.

8. 이 활동을 통해 내가 더 잘 알게 된 나의 특성이나 성향은 무엇인가요?

- 아이가 이 활동을 통해 얻은 자기 이해나 인사이트를 돌아보며 자신에 대한 긍정적인 인식을 키울 수 있습니다.

1. 내가 창문 밖으로 보고 싶은 세상은 어떤 모습인가요?

2. 이 세상에서 내가 느끼는 감정은 무엇인가요?

3. 이 창문 밖 세상은 내 삶의 어느 부분과 연결될 수 있을까요?

4. 이 그림을 그리면서 내 마음이 어떤 변화를 겪었나요?

5. 내가 원하는 세상을 만들기 위해 나는 어떤 첫 단계를 밟아갈 수 있을까요?

6. 이 세상을 그리며 느낀 내가 원하는 가치나 목표는 무엇인가요?

7. 내가 창문 밖에서 바라보는 세상이 나에게 어떤 의미를 지니나요?

8. 이 활동을 통해 내가 더 잘 알게 된 나의 특성이나 성향은 무엇인가요?

9. 내가 창문 밖 세상에서 다른 사람들과 함께 나누고 싶은 것은 무엇인가요? 그것이 나에게 왜 중요한가요?

10. 이 창문 밖 세상에서 내가 꼭 이루고 싶은 꿈은 무엇인가요? 그 꿈이 이루어졌을 때 나는 어떤 사람이 될 것 같나요?

내가 창문 밖으로 보고 싶은 세상은 어떤 모습인가요?

✦ 친구들이랑 놀이터에서 신나게 노는 모습이요.

이 세상에서 내가 느끼는 감정은 무엇인가요?

✦ 가슴이 두근거릴 만큼 너무 행복하고 신나요!

내가 창문 밖에서 바라보는 세상이 나에게 어떤 의미를 지니나요?

✦ 이 세상은 내가 꿈꾸는 곳이에요. 내가 힘들 때 이 세상을 생각하면 기운이 나고, 다시 열심히

할 수 있을 것 같아요.

이 활동을 통해 내가 더 잘 알게 된 나의 특성이나 성향은 무엇인가요?

✦ 나는 상상하는 걸 좋아하고 사람들이 행복하게 지내는 걸 보고 싶어 해요. 내 그림을 그리면서

내가 어떻게 사람들과 잘 지내고 싶은지 알게 되었어요.

홍민기

자존감은 그려지는 거야

내가 창문 밖으로 보고 싶은 세상은 어떤 모습인가요?

✦ 나는 꽃이 많은 정원을 보고 싶어요. 거기에는 강아지도 있어요!

- -

이 세상에서 내가 느끼는 감정은 무엇인가요?

✦ 평화롭고 조용한 기분이 들어요.

- -

이 창문 밖 세상은 내 삶의 어느 부분과 연결될 수 있을까요?

✦ 나는 학교에서 친구들이랑 더 많이 웃고 놀고 싶어요. 그래서 창문 밖 세상처럼 행복한 학교를

만들고 싶어요. 선생님도 친절하고 친구들도 서로 도와주는 곳이요.

- -

이 활동을 통해 내가 더 잘 알게 된 나의 특성이나 성향은 무엇인가요?

✦ 나는 자연이랑 꽃을 정말 좋아하는 사람이에요!

- -

주하연

자존감은 그려지는 거야

이 창문 밖 세상은 내 삶의 어느 부분과 연결될 수 있을까요?

✦ 꽃이 많은 정원은 내가 좋아하는 학교 뒷마당이랑 닮았어요.

- -

이 그림을 그리면서 내 마음이 어떤 변화를 겪었나요?

✦ 슬펐던 기분이 사라지고 웃음이 나왔어요.

- -

이 활동을 통해 내가 더 잘 알게 된 나의 특성이나 성향은 무엇인가요?

✦ 나는 상상하는 걸 좋아하고 사람들이 행복하게 지내는 걸 보고 싶어 해요. 내 그림을 그리면서

내가 어떻게 사람들과 잘 지내고 싶은지 알게 되었어요.

- -

자존감은 그려지는 거야

이 창문 밖 세상은 내 삶의 어느 부분과 연결될 수 있을까요?

✦ 무지개 하늘은 내가 꿈에서 본 장면 같아요.

- -

이 그림을 그리면서 내 마음이 어떤 변화를 겪었나요?

✦ 처음에는 조금 무서웠는데, 그림을 그리니까 마음이 차분해지고 편안해졌어요. 내가 상상한 세

상을 그리니까 기분이 좋아졌어요.

- -

내가 창문 밖에서 바라보는 세상이 나에게 어떤 의미를 지니나요?

✦ 이 세상은 내가 꿈꾸는 곳이에요. 내가 힘들 때, 이 세상을 생각하면 기운이 나고, 다시 열심히

할 수 있을 것 같아요.

- -

이 활동을 통해 내가 더 잘 알게 된 나의 특성이나 성향은 무엇인가요?

✦ 나는 자연이랑 꽃을 정말 좋아하는 사람이에요!

- -

자존감은 그려지는 거야

이 세상에서 내가 느끼는 감정은 무엇인가요?

✦ 기분이 너무 좋아요! 나는 이 세상이 너무 평화롭고 재미있어서 기쁨이 느껴져요. 사람들이 서로

친절하게 대해주니까 마음이 따뜻해져요.

이 창문 밖 세상은 내 삶의 어느 부분과 연결될 수 있을까요?

✦ 친구들이랑 노는 모습은 우리 반에서 친구들이랑 놀 때랑 비슷해요.

내가 원하는 세상을 만들기 위해 나는 어떤 첫 단계를 밟아갈 수 있을까요?

✦ 친구에게 더 친절하게 말하고, 나쁜 말을 하지 않도록 노력할 거예요. 학교에서도 모두가 행복

하게 지낼 수 있도록 서로 도와줄 거예요.

Part 5

살고 싶은 꿈을 그리다

Future Self Projection Technique

**DuEuGene
Dream_place**

DuEuGene
Dream_place

Dream_place 시공간을 초월한 나만의 안식처

여러분의 드림 플레이스는 어디인가요? 그것은 물리적 공간일 수도, 상상 속 특별한 장소일 수도 있습니다. 오래된 기억이나 따뜻한 추억, 사랑하는 사람들과의 시간이 담긴 곳일지도 모르지요. 중요한 건 그곳이 마음의 짐을 내려놓고 위안을 얻을 수 있는 영혼의 안식처라는 점입니다.

드림 플레이스는 단순한 도피처가 아니라 나를 충전하고 용기를 얻으며 새로운 가능성을 꿈꿀 수 있는 공간입니다. 그것은 삶의 마지막 순간까지 머물고 싶은 평온함이 깃든 곳이자, 과거를 돌아보고 현재를 살아가며 미래를 그릴 수 있는 장소입니다. 희망의 속삭임이 들리는 초원, 은하의 고요한 한 모퉁이 혹은 마음 속의 방처럼….

이 공간은 단순히 '사는 곳'이 아닌, 살아갈 힘을 주는 곳, 나답게 존재할 수 있는 장소입니다. 상상 속에서라도 마음이 자유로워지고 평화와 기쁨을 느낄 수 있다면 충분합니다. 드림 플레이스는 각자의 소중한 가치와 바람을 담아내며 평화와 행복을 상징합니다. 여러분의 마음속 그 특별한 공간은 지금 어떤 모습으로 떠오르고 있나요?

1

꿈의 세상으로 떠나는 상상 여행

살펴보기

꿈에 그리는 장소에 내가 있다는 상상을 통해 자존감을 키우기

안전의 포옹: 내 마음의 안식처

꿈에 그리는 장소에서는 현실의 불안감이 스트레스에서 벗어나 나만의 안전한 공간에 있다는 느낌을 받을 수 있습니다. 이곳에서의 나 자신은 완전히 보호받고 존중받는 존재로, 이러한 경험은 자신에 대한 신뢰를 쌓고 자존감을 증진할 수 있습니다.

자기 자신을 긍정적으로 받아들이기

꿈에 그리는 장소에서 내가 있다는 상상은 나 자신을 있는 그대로 받아들이고 사랑하는 연습이 될 수 있습니다. 그곳에서는 내가 아무 조건 없이

나 자신으로서 완전하고 소중하다는 느낌이 들 수 있습니다. 이는 일상에서 나를 비판하거나 부정적으로 대하는 태도에서 벗어나는 데 도움을 줄 수 있습니다.

나를 사랑하는 연습: 무조건적인 수용의 공간

꿈에 그리는 장소에서는 내가 원하는 대로 내 방식으로 존재할 수 있습니다. 이는 나의 진정한 모습을 드러내고 내면의 목소리를 귀 기울여 듣는 과정입니다. 자기 자신을 자유롭게 표현하며 자존감을 높이는 경험을 할 수 있습니다.

희망의 지도: 꿈과 목표를 그리다

그 장소에서 나를 상상하는 과정은 내가 원하는 삶을 실현할 수 있다는 믿음을 가지게 해줍니다. 나의 꿈과 목표를 이루어갈 수 있다는 상상은 나 자신의 가능성을 확장하고 자존감을 높이는 데 도움을 줍니다.

감정의 온천: 치유와 성장이 머무는 시간

꿈에 그리는 장소에서 보내는 시간은 내가 긍정적이고 행복한 감정을 느끼게 해줍니다. 이에 따라 일상에서 겪는 어려움이나 고통이 치유되고 마음의 상처가 치유되는 경험을 하면서 자존감이 성장할 수 있습니다.

결론적으로, 꿈에 그리는 장소에서 내가 있다는 상상은 자존감을 높이는 데 중요한 역할을 합니다. 그곳은 내면의 평화와 사랑을 느끼고 내가 가진 가치와 가능성을 인정하는 장소로, 나 자신을 더욱 존중하고 사랑하는 계기를 마련해 줍니다.

'꿈에 그리는 장소'를 그리며 자신이 그곳에 존재하는 그림을 만드는 것은 매우 창조적이고 자기 성찰적인 작업입니다. 이를 통해 자아를 탐구하고 자신을 긍정적인 시각에서 바라보는 기회를 제공할 수 있습니다. 이 활동과 연결하여 생각해 볼 수 있는 질문들은 작품의 의미와 개인적인 경험을 더욱 깊이 탐색하는 데 도움을 줄 수 있습니다.

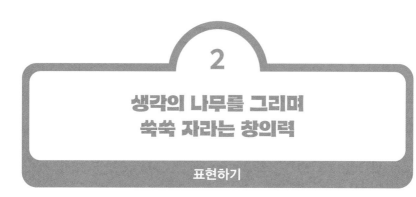

2

생각의 나무를 그리며
쑥쑥 자라는 창의력

표현하기

1) 아이디어의 숲에서 마음을 치유하다: 마인드맵의 예술적 치유 효과

창의력의 스파크: 나를 표현하는 무한 가능성

드림 플레이스 마인드맵은 자신의 욕구, 희망, 가치관을 시각적으로 표현할 기회를 제공합니다. 그림과 단어로 나의 이상을 구체화하면서 나 자신을 이해하고 존중하는 계기가 됩니다.

행복의 거울: 긍정적인 자기 이미지를 그리다

드림 플레이스를 구상하며 자신을 '상상 속 행복의 주체'로 인식하게 됩니다.

이를 통해 현실의 제약이나 부정적 부분에 압도되지 않고 자신의 장점,

욕구, 꿈에 집중할 수 있습니다.

나만의 이야기: 창의적 사고와 자기 효능감 업그레이드

단순히 이상적인 장소를 그리는 것이 아니라 애니메이션 내용에서 영감을 받아 나만의 이야기를 확장함으로써 나의 생각이 가치 있고 새롭다는 느낌을 얻을 수 있습니다.

이를 통해 '나는 창의적이고 중요한 존재다.'라는 자기 효능감을 키울 수 있습니다.

마음의 조율사: 감정을 다스리고 안정감을 찾다

이상적인 장소를 구상하는 작업은 내면의 감정을 진정시키고 스트레스를 완화하는 심리적 효과를 제공합니다. 특히 애니메이션을 감상한 후 느꼈던 긍정적 감정을 시각적으로 재현함으로써 안정감과 만족감을 느낄 수 있습니다.

미래의 청사진: 목표와 꿈을 설계하다

드림 플레이스를 설계하며 자신의 이상이나 목표를 탐구하는 과정은 미래에 대한 긍정적 가치를 형성하는 데 큰 도움이 됩니다. '살고 싶은 곳'은 단순한 상상에 그치지 않고, 현실에서 내가 추구할 방향성을 정립할 수 있게 하는 역할을 합니다.

관계의 하모니: 소속감과 사랑을 연결하다

애니메이션에서 본 사랑이나 관계의 이야기와 연결하여, 드림 플레이스의 구성요소 안에 함께하고 싶은 사람들을 넣어봄으로써 타인과의 관계의 중요성을 인식하게 됩니다.

이는 자존감과 더불어 사회적 소속감을 느끼는 데 도움을 줍니다.

결론적으로, 이 활동은 단순한 창작 활동을 넘어선 심리적 치유와 자존감 향상의 매개체가 됩니다. 꿈의 장소라는 창의적 탐구를 통해 자신만의 가치를 찾고 나에 대한 새로운 긍정적 이미지를 형성해 나갈 수 있는 소중한 시간이 될 것입니다.

2) 생각의 씨앗을 그려내다: 창의력을 키우는 마인드맵 활동법

내 꿈의 씨앗 심기

준비된 종이 또는 디지털 도구를 사용하여 중앙에 '꿈에 그리는 장소' 또는 '살고 싶은 장소'라는 단어를 적습니다. 이 단어는 전체 작업의 중심이 되어 참가자가 탐구하고 싶은 주제를 명확히 설정할 수 있도록 돕습니다.

꿈의 가지 펼치기

중심에서 뻗어나가는 가지처럼 주요 카테고리를 설정합니다.

예를 들어, 장소의 특징을 다음과 같이 나눌 수 있습니다.

자연: 산, 강, 바다, 정원 등 자연 요소

공간 구조: 집의 형태, 방의 구성, 외관 등

사람: 함께 있고 싶은 사람들, 가족, 친구 등

활동: 그곳에서 하고 싶은 일들, 취미, 휴식 등

감정: 그 장소에서 느낄 수 있는 평온함, 행복, 안정감 등

생동감의 색채 더하기

각 가지와 요소에 색상이나 그림을 추가하여 시각적 생동감을 부여합니다. 예를 들어 바다는 파란색, 숲은 초록색으로 칠하거나 나뭇잎과 해 그림을 그려 넣습니다. 이 과정을 통해 참가자는 자기 생각을 더욱 구체화하고 창의력을 발휘할 수 있습니다.

감정의 색채 발견하기

각 요소에 대해 참가자가 느끼는 감정이나 의미를 적도록 합니다. 예를 들어, '새소리가 들리는 숲' 옆에 '안정감과 평온함'이라고 작성할 수 있습니다. 이는 참가자가 자신의 감정을 시각적으로 표현하고 이를 통해 내면의 상태를 더 깊이 이해할 수 있도록 돕습니다.

꿈의 지도 완성하기

완성된 마인드맵을 참가자와 함께 검토하며 각 요소가 어떤 의미를 갖는지 이야기 나눕니다. '이곳에서 가장 중요한 요소는 무엇인가요?', '이 장소가 당신에게 주는 메시지는 무엇인가요?' 같은 질문을 통해 자기 이해를

돕습니다.

꿈의 이야기 꽃피우기

마인드맵에 기초하여 드림 플레이스의 구체적인 이미지를 그림으로 그리거나 짧은 이야기를 작성하도록 유도합니다. 이 과정은 참가자의 상상력을 더욱 자극하고, 작업에 몰입할 수 있는 기회를 제공합니다.

3) 상상력을 자극하는 마인드맵 필수 애니메이션!

꿈꾸는 세상으로의 여행을 다룬 애니메이션으로 상상력을 자극하며 새로운 세계에서 모험을 상상할 수 있는 이야기를 제공한다.

<하늘을 나는 강아지 비포와 친구들>

비포는 하늘을 나는 능력을 가진 특별한 강아지로 그의 친구들과 함께 세계 여러 나라를 탐험하려는 꿈을 가지고 있습니다. 이들은 각자의 나라에 관한 관심과 호기심을 가지고 여행을 떠나며 그 과정에서 다양한 문화와 사람들을 만나고 새로운 환경을 경험합니다.

이 모험을 통해 비포와 친구들은 서로의 우정을 더욱 깊게 하고 다채로운 경험을 통해 세상을 넓게 바라보게 됩니다.

<센과 치히로의 행방불명> (Spirited Away)

스튜디오 지브리의 대표작으로 주인공 치히로가 부모님과 함께 신비한 세계로 이동해 마녀, 영혼, 신비한 생명체들과 얽힌 모험을 펼칩니다. 꿈처럼 초현실적인 세계와 성장 이야기가 어우러진 작품입니다.

<시간을 달리는 소녀> (The Girl Who Leapt Through Time)

시간을 초월하는 능력을 갖춘 주인공 마코토가 자신의 선택이 만들어내는 다양한 결과를 경험합니다. 꿈꾸는 세계로의 여행보다는 시간을 뛰어넘는 이야기에 가깝지만 선택과 자유의 중요성을 잘 표현합니다.

<마녀 배달부 키키> (Kiki's Delivery Service)

주인공 키키가 자신의 마법 능력으로 새로운 마을로 떠나며 자립을 시작하는 이야기입니다. 꿈꾸던 마법 세계에서 자신의 길을 찾는 성장 이야기가 아름답게 그려져 있습니다.

<무한의 리바이어스> (Infinite Ryvius)

우주를 배경으로 꿈꾸는 세상에서의 모험과 인간관계를 다룬 애니메이션입니다. 주인공과 동료들이 서로 다른 세계를 경험하며 꿈과 현실의 경계에 도전합니다.

<소드 아트 온라인> (Sword Art Online)

가상현실 게임 세계로 들어간 주인공들이 그곳에서 생존하며 이상적인 세계를 탐험합니다. 꿈꾸던 세상과 현실의 문제를 동시에 다룬 작품입니다.

<이 세계에서 온 식탁> (Restaurant to Another World)

다양한 이 세계 사람들이 특별한 레스토랑에서 새로운 음식을 경험하며 각자 꿈꾸던 맛과 이야기를 만나는 힐링 판타지 작품입니다.

<꿈꾸는 별의 발라드> (The Place Promised in Our Early Days)

신카이 마코토 감독의 작품으로 두 소년과 한 소녀가 약속한 장소를 향해 떠나는 여행을 다룹니다. 이상적인 세상과 사랑의 이야기가 결합된 애니메이션입니다.

이 작품들은 각기 다른 방식으로 꿈꾸는 세상과의 연결을 보여줍니다. 이상적인 세상과 사랑의 이야기를 주제로 한 애니메이션 감상 후 그 경험을 바탕으로 자신만의 '살고 싶은 드림 플레이스'를 상상하며 마인드맵을 그리는 활동입니다. 애니메이션에서 느꼈던 감정과 아름다운 시각적 요소들을 참고해 창의적이고 감각적으로 자신만의 이상적 공간을 시각화하는 과정을 포함합니다. 이 활동은 상상력과 창의성을 자극할 뿐만 아니라 자존감 향상에 긍정적인 효과가 있는 미술치료 기반의 심리적 접근법입니다.

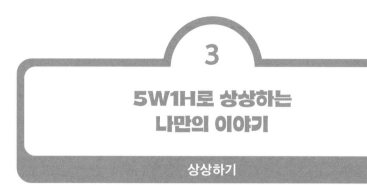

내가 꿈꾸는 장소를 하브루타로 찾아 떠나기

하브루타 보드게임을 통해 '내가 살고 싶은 곳'에 대한 내 생각을 친구들과 나누며 구체화해 보세요. 다음과 같은 질문을 활용해 자기 생각을 더 깊이 탐구하고 서로의 아이디어를 공유할 수 있습니다.

질문으로 열어가는 상상의 문: 내 미래의 집 이야기

Why: 왜 그곳이 살고 싶은 곳인가요?

내가 좋아하는 장소와 그 이유를 생각해 보고 어떤 점이 특별한지 친구들과 이야기해요.

What: 어떤 환경과 시설이 있으면 좋을까요?

공원, 도서관, 운동장 같은 내가 좋아하는 시설들을 떠올려보고 그곳이 내 삶에 어떤 영향을 줄지 이야기해요.

Who: 누구와 함께 살고 싶은가요?

가족, 친구, 또는 반려동물과의 생활을 상상하며 그들과 함께라면 어떤 일이 더 즐거울지 나눠 보아요.

When: 어떤 날씨와 계절을 선호하는가?

따뜻한 봄날, 눈 오는 겨울 등 내가 좋아하는 계절과 날씨를 이야기하며 이유를 설명해요.

Where: 어떤 지리적 위치에 있는가?

바다 근처, 산속, 도시 한가운데 등 내가 꿈꾸는 장소의 위치를 생각해 보고 그곳이 주는 특별함을 나눠 보아요.

How: 어떻게 그 장소를 꾸밀 것인가?

예쁜 가구, 멋진 벽지, 정원 같은 꾸미고 싶은 아이디어를 떠올려 친구들과 공유해 보아요.

하브루타와 함께 키우는 나의 자존감 씨앗

하브루타 교육법은 단순히 배우는 것이 아니라 스스로 사고하고 질문하며 답을 찾아가는 과정에서 큰 가치를 두는 학습 방식입니다. 이를 통해 배움에 대한 즐거움을 느끼고 자신만의 목소리를 내며 자존감이 자연스럽게 향상됩니다.

질문을 통한 자기 발견: 자신이 무엇을 좋아하고 원하는지를 스스로 질문하며 내면의 소리를 발견합니다. 자기 생각을 표현하고 다른 사람의 의견을 수용하며 사고의 폭을 넓힙니다. 이는 자신의 가치와 능력을 긍정적으로 인식하는 데 도움을 줍니다.

협력을 통한 관계 강화: 짝과의 상호작용은 신뢰와 존중을 배우게 하고 이를 통해 사람들과의 관계 속에서 스스로 더 소중히 여길 수 있게 합니다.

상상 속 나의 집, 하브루타로 그려보기!

위의 질문들을 카드로 만들어, 순서대로 뽑으며 대화를 이어가는 하브루타 보드게임을 만듭니다.

내가 꿈꾸는 장소 그리기: 대화를 나눈 뒤 자신이 꿈꾸는 장소를 그림으로 표현하며 서로의 아이디어를 시각적으로 공유합니다.

팀별 발표하기: 하브루타 활동 후, 팀별로 자신의 결과를 발표하며 다른 팀의 아이디어도 배울 수 있습니다.

- Why: 왜 그곳이 살고 싶은 곳인가?

  ▍자연이 많고 공기가 맑아서 건강하게 지낼 수 있기 때문이에요.

  ▍조용하고 평화로운 분위기라서 쉬기 좋아요.

  ▍문화와 활동이 풍부해서 다양할 수 있어요.

- What: 어떤 환경과 시설이 있으면 좋을까?

  ▍깨끗한 공원이나 산책로가 있으면 좋겠어요.

  ▍도서관, 영화관 같은 문화시설이 가까이 있으면 좋아요.

  ▍병원, 학교, 마트 등 생활에 필요한 시설이 잘 갖춰져 있으면 좋겠어요.

- Who: 누구와 함께 살고 싶은가?

  ▍가족과 함께 살고 싶어요.

  ▍친한 친구들과 함께 살 수 있으면 재미있을 것 같아요.

  ▍반려동물과 함께 살면서 따뜻한 시간을 보내고 싶어요.

- When: 어떤 날씨와 계절을 선호하는가?

  ▍사계절이 뚜렷한 곳에서 살고 싶어요.

  ▍따뜻한 봄이나 시원한 가을 날씨를 좋아해요.

  ▍추운 겨울이 없는 따뜻한 곳에서 살고 싶어요.

- **Where: 어떤 지리적 위치에 있는가?**

  ▎ 바다와 가까운 해안가나 섬에서 살고 싶어요.

  ▎ 산이 보이는 조용한 마을이 좋아요.

  ▎ 도시와 가까운 교외 지역이 편리할 것 같아요.

- **How: 어떻게 그 장소를 꾸밀 것인가?**

  ▎ 집 안을 식물로 꾸며서 자연스러운 분위기를 만들고 싶어요.

  ▎ 벽을 밝은색으로 칠하고 포근한 가구를 놓고 싶어요.

  ▎ 내가 좋아하는 책과 그림으로 꾸며서 아늑하게 만들고 싶어요.

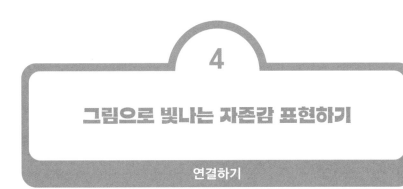

그림으로 빛나는 자존감 표현하기

연결하기

살고 싶은 곳을 그리며 자존감을 높이는 미술치료 방법은 개인이 자신의 욕구와 꿈을 시각적으로 표현하고 이를 통해 자신이 원하는 삶에 대한 확신과 가치를 발견할 수 있도록 도와줍니다. 아래는 이를 효과적으로 실현할 수 있는 몇 가지 방법입니다.

내 꿈속 하루 여행: 그리고 나누는 행복한 상상

(Ideal Day Visualization)

1) 활동 소개

아이들과 학부모님이 함께 참여할 수 있는 재미있고 창의적인 활동입니다. 자신이 살고 싶은 장소에서 하루를 보내는 모습을 상상하며 그림으로 표현해 보세요. 이 활동의 경험을 통해 아이들은 자신의 꿈과 목표를 더욱 명확히 하고, 자신감을 키울 수 있습니다.

2) 활동 방법

- 내가 살고 싶은 멋진 장소를 떠올려봅니다.
- 아침에 일어나서부터 밤에 잠들기까지 하루 동안 어떤 일들이 일어날까요?
- 아침, 점심, 저녁에 내가 행복하게 하고 싶은 일을 그림으로 표현합니다.
- 내가 있는 장소는 어떤 모습일까요? 바닷가, 숲, 도심 속 멋진 집일 수도 있습니다.
- 주변 환경도 생각해 봅니다.(푸른 나무, 따뜻한 햇살, 가족이나 친구가 함께 있는 모습)
- 완성된 그림을 친구나 가족과 함께 보며 서로의 꿈을 나눠 봅니다.
- 다른 사람의 상상 속 하루를 보며 새로운 아이디어를 얻을 수도 있습니다.

3) 활동을 통해 얻을 수 있는 것

- 내가 진정으로 원하는 모습과 꿈꾸는 하루를 구체적으로 발견할 수 있습니다.
- 내가 상상한 것을 시각적으로 표현하며 자신에 대한 믿음을 키울 수 있습니다.

• 가족이나 친구와 이야기를 나누며 서로를 이해하고 응원할 기회를 가질
  수 있습니다.

　내가 꿈꾸는 하루를 상상하며 그려보는 이 활동은 아이들에게 큰 동기
부여가 됩니다. 부모님도 아이들의 꿈을 더 깊이 이해하는 소중한 시간이
될 거예요. 함께 상상의 날개를 펼쳐보세요!

내 마음의 풍경을 그려봐요!(Landscape of the Heart)

1) 활동 소개

아이들과 학부모님이 함께 참여할 수 있는 창의적이고 따뜻한 활동입니다. 이 활동에서는 자신이 살고 싶은 장소를 상상하며 그 속에 자신의 감정이나 자아를 상징적으로 담아 풍경화를 그려봅니다. 그림을 통해 자기 내면을 표현하며 스스로 긍정적으로 바라볼 수 있는 시간을 만들 수 있습니다.

2) 활동 방법

- 자연 속, 도시, 해변, 산속 등 내가 살고 싶은 장소를 떠올려봅니다.
- 그 공간이 어떤 모습인지 머릿속에 그려봅니다. 예를 들어, 숲길, 아늑한 집, 햇살이 가득한 들판 등을 떠올립니다.
- 풍경 속에 나를 상징하는 특별한 요소를 추가합니다.
- 튼튼한 나무는 나의 성장과 강인함을 활짝 핀 꽃은 나의 행복과 희망을 나타냅니다.
- 빛이나 파도처럼 감정을 표현할 수도 있습니다. 자유롭게 상상합니다.
- 내가 상상한 풍경과 상징을 그림으로 표현합니다.
- 꼭 잘 그리지 않아도 괜찮아요. 나만의 독창적인 표현이 가장 중요합니다.
- 완성한 그림을 가족이나 친구와 함께 보며 그 속에 담긴 이야기를 나눕

니다.

- 서로의 그림을 보며 격려와 응원을 전하는 시간을 가져보세요.

3) 활동을 통해 얻을 수 있는 것

- 내 마음 들여다보기: 내가 원하는 삶과 내면의 감정을 깊이 이해할 수 있어요.
- 자기긍정감 키우기: 내가 꿈꾸는 아름다운 풍경 속에서 나 자신을 긍정적으로 표현하며 자신감을 얻어요.
- 창의력 발달과 소통: 그림을 통해 상상력과 표현력을 키우고 가족과 감정을 나누며 소통의 기쁨을 느낄 수 있어요.

　내 마음의 풍경화를 그려보는 이 활동은 아이들에게 자기 자신을 표현하는 소중한 기회를 줍니다. 학부모님도 아이들의 마음을 깊이 이해하고 따뜻한 대화를 나눌 수 있는 시간이 될 거예요. 함께 나만의 특별한 풍경을 완성해 보세요!

반짝반짝 나만의 드림보드(Vision Board)

1) 활동 소개

이 활동은 자신이 살고 싶은 장소를 상상하고 시각적으로 표현하는 창의적인 시간입니다. 잡지나 인터넷에서 사진과 단어를 모아 콜라주를 만들거나 직접 지도를 스케치하며 내가 원하는 공간을 구체적으로 그려봅니다. 이 과정은 아이들과 학부모님 모두가 즐길 수 있는 흥미로운 경험이 됩니다.

2) 활동 방법

- 내가 살고 싶은 장소와 관련된 사진이나 그림, 단어, 색깔 등을 찾습니다.
- 큰 종이를 준비해 그 위에 찾은 자료를 붙여 나만의 콜라주를 만듭니다.
- 내가 그 공간에서 어떤 모습으로 있을지 상상하며 자신의 사진, 그림 또는 상징적인 이미지를 추가합니다.
- 꾸미면서 내가 정말 좋아하는 요소를 더 탐구해 볼 수도 있습니다.
- 내가 꿈꾸는 공간의 배치를 간단히 스케치합니다.

  예: 집은 어디에 있고 정원이나 산책로는 어디에 둘지 생각해 봅니다.

- 각 공간에 필요한 요소를 적어보거나 작은 그림으로 표현합니다.

  예: 정원에 꽃을 심는다든지, 산책로에 나무를 심는 등

3) 활동 효과

- 내가 원하는 장소와 삶의 모습을 그림이나 콜라주로 표현하며 꿈을 시각화합니다.

- 내가 원하는 것을 직접 그리고 꾸미는 과정에서 스스로 긍정적으로 바라보고 목표를 향한동기가 생깁니다.

- 색깔, 이미지, 단어 등을 선택하고 조합하며 창의력을 키우고 내 생각을 시각적으로 표현하는 연습이 됩니다.

이 활동은 아이들에게 꿈과 희망을 시각적으로 구체화할 수 있는 기회를 줍니다. 학부모님도 함께 참여하며 아이의 마음속 꿈을 이해하고 따뜻한 대화를 나눌 수 있는 소중한 시간이 됩니다. 자, 이제 나만의 꿈 공간을 만들어볼까요?

내가 꿈꾸는 공간을 설계해 봐요!(Designing a Dream Space)

1) 활동 소개

이 활동은 자신이 살고 싶은 공간을 직접 설계하며 꿈을 구체적으로 그려보는 재미있는 과정입니다. 집, 정원, 자연 등 나만의 이상적인 공간을 상상하고 그 공간에 나를 행복하게 해주는 요소들을 채워 넣습니다. 이 과정을 통해 나만의 특별한 꿈을 발견하고 스스로 설계하는 즐거움을 느낄 수 있습니다.

2) 활동 방법

- 내가 살고 싶은 집과 그 주변의 공간을 떠올려봅니다.

  예: 아늑한 집, 넓은 정원, 숲속 오두막, 혹은 바다 옆의 작은 집 등

- 종이나 스케치북에 내가 상상한 공간의 구조를 그려봅니다.
- 집 안의 방 배치, 정원의 모습, 자연의 위치 등 구체적으로 그려봅니다.
- 내가 좋아하는 것들을 공간에 넣어봅니다.

  예: 정원의 꽃밭, 집 안의 독서 공간, 야외 테라스, 따뜻한 햇살이 들어오는 창문 등.

- 편안함과 행복을 느낄 수 있는 모든 것을 자유롭게 추가합니다.
- 내가 설계한 공간에 색깔을 입히고, 감정을 표현합니다.

  예: 따뜻한 느낌의 노란색, 평온한 푸른색, 밝고 활기찬 초록색 등을 사용합니다.

자존감은 그려지는 거야

3) 활동 효과

• 나만의 꿈을 발견하기

내가 원하는 공간과 요소를 탐구하며 나만의 이상적인 삶을 구체적으로 상상합니다.

• 창의력과 표현력 키우기

그림을 그리며 상상력을 마음껏 발휘하고 내 생각을 시각적으로 표현합니다.

• 삶에 대한 자신감과 통제감 느끼기

내가 원하는 공간을 직접 설계하며 내 삶의 방향성을 스스로 결정하는 기분을 경험합니다.

아이들은 상상한 것을 직접 그려보며 꿈에 한 걸음 더 다가갈 수 있어요. 학부모님도 아이가 꿈꾸는 공간을 보며 아이의 마음을 이해하고 응원하는 특별한 시간을 가질 수 있습니다. 함께 나만의 꿈 공간을 설계해 볼까요?

미래의 나, 상상하고 그림으로 만나기
(Future Self in the Dream Place)

1) 활동 소개

이 활동은 자신이 살고 싶은 장소를 상상하고, 그곳에서 행복하게 살아가는 나의 모습을 그림으로 표현하는 시간이에요. 상상 속에서 나만의 멋진 공간과 행복한 모습을 구체적으로 그려보며 나를 더 긍정적으로 바라볼 수 있어요. 아이들에게는 재미와 자신감을 학부모님에게는 아이들의 꿈을 이해할 수 있는 기회를 제공합니다.

2) 활동 방법

- 내가 살고 싶은 장소를 떠올려봅니다. 예를 들어, 숲속 집, 바다 근처의 작은 오두막, 또는 도시의 멋진 아파트일 수도 있습니다.
- 자신이 상상한 장소를 그림으로 표현합니다.
- 그곳에서 내가 무엇을 하고 있는지 어떤 표정을 짓고 있는지 자세히 묘사해 봅니다.

  예: 웃으며 책을 읽거나, 정원에서 꽃을 가꾸거나, 친구들과 즐겁게 이야기하는 모습 등 내가 좋아하는 장면
- 그림 속에 나에게 힘이 되는 간단한 문구를 적어봅니다.

  예: "나는 행복해!", "꿈을 이루는 내가 될 거야!", "이곳이 나만의 행복한 세상!"

자존감은 그려지는 거야

3) 활동 효과

- 나의 이상적인 모습을 상상하고 그림으로 표현하며, 스스로 긍정적으로 바라볼 수 있어요.
- 내가 살고 싶은 공간을 구체적으로 그리고, 그 속의 나를 표현하는 과정에서 창의력이 자랍니다.
- 아이가 그린 그림과 메시지를 통해 아이의 꿈과 마음을 더 잘 이해할 수 있습니다.

　이 활동은 아이들이 꿈꾸는 미래를 상상하며 자신감을 얻는 소중한 시간이 될 거예요. 부모님도 함께 참여하며 아이와의 대화를 통해 서로를 더 깊이 이해할 수 있습니다. 자, 나만의 행복한 미래를 그려볼까요?

228

자존감은 그려지는 거야

229

오감으로 만나는 생생한 풍경화(Sensory Landscape Drawing)

1) 활동 소개

이 활동은 내가 살고 싶은 장소를 상상하며 그곳에서 느껴지는 오감을 그림으로 표현해 보는 시간이에요. 그곳에서 보이는 풍경, 들리는 소리, 느껴지는 촉감 등을 그림에 담아보며 상상의 날개를 펼칠 수 있어요. 아이들은 창의력과 감각을 통해 자신만의 특별한 공간을 만들어 볼 수 있습니다.

2) 활동 방법

내가 살고 싶은 장소에서 어떤 색깔과 풍경이 보일까요?

바람 소리, 새소리, 물소리 같은 소리가 들릴까요?

손으로 만졌을 때 어떤 촉감이 느껴질까요?

부드럽거나, 따뜻하거나, 시원한 느낌일 수도 있어요.

- 크레파스, 물감, 색연필 등 다양한 도구를 사용해 내가 상상한 색과 풍경을 그립니다.
- 선과 색깔, 질감을 활용해 들리는 소리나 느껴지는 촉감도 그림에 담아 봅니다.
- 그림을 꾸미면서 내 느낌을 더 추가합니다. 내가 가장 좋아하는 요소들을 자유롭게 표현하면 좋아요!

자존감은 그려지는 거야

3) 활동 효과

• 상상력과 창의력 키우기

　내가 원하는 공간과 느낌을 상상하며 그림으로 표현하면서 창의력이 발달합니다.

• 감정 안정과 자기 이해

　오감을 통해 자신이 원하는 것을 구체화하면서 감정적으로 안정감을 느낄 수 있습니다.

• 나만의 특별한 공간을 완성하면서 자신감과 표현력을 키울 수 있습니다.

　아이들이 상상한 장소와 느낌을 그림으로 표현하면 그 자체로 큰 즐거움이 됩니다. 부모님도 아이들의 작품을 보며 그들의 마음과 꿈을 더 잘 이해하는 따뜻한 시간을 보낼 수 있어요. 함께 나만의 멋진 공간을 만들어 볼까요?

칭찬 릴레이, 자존감 업 프로젝트

(Affirmation and Message Addition)

활동을 마친 뒤에는 아이들의 노력을 인정하고 긍정적인 메시지를 추가하며 자신감을 심어주는 시간이 중요합니다. 아래는 칭찬과 메시지를 활용한 마무리 활동의 예시입니다.

칭찬하기

"너의 그림은 정말 창의적이야! 특히 꽃밭에 다양한 색을 사용한 부분이 너무 멋져."

"네가 그린 집은 정말 평화로의 보여! 그곳에서 행복한 모습이 잘 표현된 것 같아."

"네가 떠올린 메시지, '나는 할 수 있어!'가 정말 멋지다."

"너의 자신감을 잘 보여주는 것 같아!"

활동 전체에 칭찬하기

"오늘 너희들이 보여준 상상력과 노력 덕분에 정말 놀라운 작품들이 나왔어! 모두 훌륭했어."

"자신만의 꿈을 이렇게 멋지게 표현하다니 정말 대단하다."

"앞으로도 너희의 꿈을 응원할게!"

긍정적인 메시지

아이들에게 간단한 문구를 그림이나 콜라주에 추가하도록 독려합니다.

"내 꿈은 내가 만들어간다!"

"나는 행복한 나의 미래를 믿어!"

"나만의 멋진 세상을 만들어갈 거야!"

"내가 원하는 곳에서 더 빛나는 내가 될 거야!"

"앞으로도 계속 도전하며 성장할 거야!"

그룹 메시지

각자 자기 작품에 적은 메시지를 한 명씩 발표하며, 서로의 꿈과 목표를 응원합니다.

"모두가 오늘 각자의 멋진 세상을 표현해 줘서 정말 감동했어요. 너희의 꿈은 무한히 소중하고 특별해요. 앞으로도 너희의 멋진 미래를 응원할게요!"

"너희가 오늘 그린 모든 그림은 정말 특별해요. 앞으로도 자신만의 길을 만들어가길 응원합니다!"

부모님과 함께 진행한다면, 부모님이 아이들에게 한마디 칭찬이나 응원의 말을 전하는 시간을 추가하면 더욱 따뜻한 마무리가 될 수 있습니다.

"엄마는 네가 상상력으로 그린 그림을 보니 정말 뿌듯해! 네 꿈을 항상 응원할게!"

미래의 나를 찾아가는 나의 꿈 탐구

아이들이 자신만의 안식처를 상상하고 그림으로 표현한 후 자존감을 높이기 위한 질문과 그 효과를 아래와 같이 정리해 보겠습니다. 각 질문은 어린이가 쉽게 이해할 수 있는 단어를 사용했으며 질문이 자존감 회복에 어떻게 이바지하는지 간단히 설명합니다.

1. 이곳이 너만의 안식처라면, 너는 어떤 기분이 드니?

• 어린이는 자신이 상상한 공간에서 느끼는 긍정적인 감정을 말하며 자기 감정을 표현하는 법을 배우고 자신의 감정을 인정하고 소중히 여기는 경험을 할 수 있습니다.

2. 이 공간에서 너는 무엇을 하고 싶니?

• 하고 싶은 활동을 떠올리면서 자기 욕구와 관심사를 발견하게 됩니다. 이를 통해 '내가 원하는 것은 가치 있다.'라는 생각을 하며 자존감이 향상됩니다.

3. 너의 안식처에는 어떤 특별한 것이 있니? 그것은 왜 너에게 중요할까?

- 자신이 중요하게 여기는 것을 그림과 연결해 생각해 보면서 자기 가치와 독특함을 인식할 수 있습니다. 이는 자기만의 특별함을 긍정적으로 받아들이는 데 도움을 줍니다.

4. 이곳에 있는 너를 떠올리면 너는 어떤 모습일 것 같니?

- 자신의 이상적인 모습을 상상하며 긍정적인 자기 이미지를 형성할 수 있습니다. 이는 '내 모습은 이렇게 멋질 수 있다.'라는 자신감을 심어줍니다.

5. 이 공간이 너를 언제 가장 많이 도와줄 것 같니?

- 어려운 순간에 자신을 위로하고 회복할 방법을 상상하게 하여 내면의 힘을 키우고 자립심을 높이는 데 이바지합니다.

6. 너는 이곳에 다른 사람을 초대하고 싶니? 누구일까?

- 소중한 사람들과 연결된 자기 모습을 떠올리며 '나는 관계 속에서 중요한 사람이다.'라는 느낌을 강화합니다.

7. 네가 만든 이 공간을 다른 사람에게 보여준다면, 어떤 반응을 기대할까?

• 다른 사람의 반응을 상상하며 자기 작품과 생각이 가치 있다고 느끼게 합니다. 이는 사회적 자존감과 자신감을 키우는 데 효과적입니다.

8. 이 공간을 계속 만들거나 변화시킨다면 어떤 부분을 바꾸고 싶니? 왜?

• 창의적인 사고를 자극하고 자신의 선택을 믿는 힘을 키우며 변화하는 자신과 삶에 대해 긍정적인 태도를 가질 수 있도록 도와줍니다. 질문과 활동의 효과가 질문들은 아이들이 자신을 돌아보고 긍정적으로 생각할 기회를 제공합니다. 또한, 자신이 만든 작품과 연결된 감정과 이야기를 공유하며 창의성과 자기표현을 통해 자존감을 서서히 높여주는 데 도움을 줍니다.

Dream Place

1. 이곳이 너만의 안식처라면, 너는 어떤 기분이 드니?

2. 이 공간에서 너는 무엇을 하고 싶니?

3. 너의 안식처에는 어떤 특별한 것이 있니? 그것은 왜 너에게 중요할까?

4. 이곳에 있는 너를 떠올리면 너는 어떤 모습일 것 같니?

5. 이 공간이 너를 언제 가장 많이 도와줄 것 같니?

6. 너는 이곳에 다른 사람을 초대하고 싶니? 누구일까?

7. 네가 만든 이 공간을 다른 사람에게 보여준다면, 어떤 반응을 기대할까?

8. 이 공간을 계속 만들거나 변화시킨다면 어떤 부분을 바꾸고 싶니? 왜?

9. 이 공간에서 너의 꿈이 이루어진다면, 그것은 어떤 모습일까? 그 순간 너는 어떤 감정을 느낄 것 같니?

10. 이 공간에 너를 위해 특별히 준비된 선물이 있다면, 그것은 무엇일까? 그 선물이 너에게 어떤 의미를 줄 것 같니?

생각의 문을 여는 질문 노트

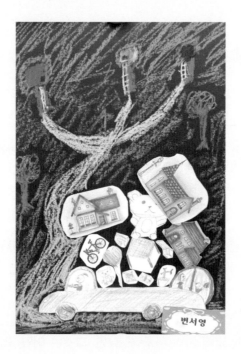

이곳이 너만의 안식처라면, 너는 어떤 기분이 드니?

✦ 포근하고 따뜻한 기분이 들어요! 내가 좋아하는 모든 게 있어서 너무 행복할 것 같아요. 여기에

서는 걱정도 없고 그냥 편안해요.

이곳에 있는 너를 떠올리면 너는 어떤 모습일 것 같니?

✦ 웃으면서 좋아하는 색깔의 옷을 입고 있겠죠! 그리고 내가 좋아하는 음식도 먹으면서 정말 행복

해 보일 거예요.

이 공간에서 너는 무엇을 하고 싶니?

✦ 여기서 친구들이랑 숨바꼭질도 하고, 나만의 비밀 책을 쓰고 싶어요. 그리고 내가 좋아하는 노래

를 틀어놓고 춤추는 것도 재미있을 것 같아요!

이 공간이 너를 언제 가장 많이 도와줄 것 같니?

✦ 슬프거나 화가 날 때 이곳에 오면 금방 기분이 좋아질 것 같아요. 나를 꼭 안아주는 느낌이 들어

서요.

이 공간에서 너는 무엇을 하고 싶니?

✦ 이곳에서 그림을 그리고 싶어요. 마음껏 상상해서 나만의 특별한 그림을 그릴 수 있을 것 같아요.

그리고 누워서 만화책도 읽고 싶어요!

네가 만든 이 공간을 다른 사람에게 보여준다면, 어떤 반응을 기대할까?

✦ 다들 '우와! 여긴 진짜 멋지다!' 하고 놀랄 것 같아요. 특히 별빛 벽지나 내가 꾸민 책장이 예쁘

다고 할 것 같아요.

이곳이 너만의 안식처라면, 너는 어떤 기분이 드니?

✦ 여기 있으면 마치 구름 위에 떠 있는 것처럼 가벼운 기분이 들 것 같아요! 아무 걱정도 없고 그
냥 행복하고 웃음이 저절로 나올 것 같아요.

이 공간이 너를 언제 가장 많이 도와줄 것 같니?

✦ 시험을 보기 전이나 중요한 일이 있을 때 긴장을 풀려고 이곳에 오면 좋을 것 같아요. 이곳에 오
면 차분해질 수 있으니까요.

강송원

너의 안식처에는 어떤 특별한 것이 있니? 그것은 왜 너에게 중요할까?

✦ 안식처 한가운데에 커다란 나무가 있어요. 나무에는 작은 집도 달려 있어서 올라가서 쉬거나

놀 수 있어요. 나무가 있으면 마음이 편안해지고 자연과 함께 있는 느낌이 들어서 좋아요.

이 공간을 계속 만들거나 변화시킨다면 어떤 부분을 바꾸고 싶니? 왜?

✦ 한쪽에 작은 연못을 만들고 싶어요. 물고기랑 연꽃이 있으면 더 예쁠 것 같아요. 가끔 연못을 보면

서 힐링하면 더 좋을 것 같아요!

조유현

너의 안식처에는 어떤 특별한 것이 있니? 그것은 왜 너에게 중요할까?

✦ 내 방 한쪽에 별이 반짝이는 벽지가 있어요. 밤마다 불을 끄면 진짜 밤하늘 같아요. 별을 보면

서 소원을 빌면 마음이 편안해지거든요.

너는 이곳에 다른 사람을 초대하고 싶니? 누구일까?

✦ 내 제일 친한 친구(제일 친한 친구)를 초대하고 싶어요! 같이 시간 보내면 더 재밌을 것 같아

요. 그리고 우리 반 친구들도 한 번 초대해서 파티를 열면 좋겠어요.

부록

#_어린이 자존감 체크리스트

	No	내 용	1	2	3	4	5
자기 자신에 관한 생각	1	나는 나 자신이 소중하다고 느낀다.					
	2	나는 내 의견을 자유롭게 말할 수 있다.					
	3	나는 내가 잘하는 것이 있다고 믿는다.					
	4	나는 다른 사람들 앞에서 나 자신을 긍정적으로 표현할 수 있다.					
	5	나는 실수해도 다시 시도할 수 있다고 생각한다.					
감정과 자신감	1	나는 내가 원하는 것을 솔직히 말할 수 있다.					
	2	나는 어려운 상황에서도 내가 할 수 있다고 믿는다.					
	3	나는 나를 칭찬하는 것이 어색하지 않다.					
	4	나는 다른 사람들이 나를 좋아한다고 느낀다.					
	5	나는 내 감정을 솔직히 표현할 수 있다.					
대인 관계	1	나는 친구들과 잘 어울린다.					
	2	나는 다른 사람을 도와줄 때 기쁘다.					
	3	나는 다른 사람이 내 의견을 듣고 있다고 느낀다.					
	4	나는 다른 사람과 갈등이 생겼을 때 해결하려고 노력한다.					
	5	나는 친구들과 함께 있는 시간이 즐겁다.					
자기 관리와 목표	1	나는 내가 세운 목표를 이루기 위해 노력한다.					
	2	나는 나의 장단점을 알고 있다.					
	3	나는 새로운 일을 시도하는 것이 재미있다.					
	4	나는 실패를 통해 배울 수 있다고 믿는다.					
	5	나는 나만의 방식으로 문제를 해결할 수 있다고 생각한다.					

결과 분석

- 80~100점: 자존감이 매우 높은 상태. 긍정적인 자아 이미지를 가지고 있으며 자신감과 대인관계에서 강점을 보임.

- 60~79점: 자존감이 평균 수준. 긍정적인 면이 있으나, 일부 영역에서 자신감 부족을 느낄 가능성 있음.

- 40~59점: 자존감이 낮을 수 있음. 감정 표현이나 자신감, 대인관계에서 도움이 필요할 수 있음.

- 40점 이하: 낮은 자존감으로 인해 일상생활에서 어려움을 느낄 가능성이 큼. 전문적인 지원이나 상담이 필요할 수 있음.

(각 항목에 대해 아래 척도로 평가합니다:

1 = 전혀 그렇지 않다, 2 = 조금 그렇다, 3 = 보통이다, 4 = 꽤 그렇다, 5 = 매우 그렇다)

이 체크리스트는 자존감 수준을 평가하고 아이의 감정 상태, 자신감, 대인관계 등을 살펴보는 데 사용됩니다.

#_어린이 자존감 체크리스트(심층)

	No	내 용	1	2	3	4	5
자기 인식과 수용	1	나는 내가 가진 단점에도 불구하고 나 자신을 좋아한다.					
	2	나는 나만의 장점과 특별한 점이 있다고 믿는다.					
	3	나는 거울 속의 내 모습을 좋아한다.					
	4	나는 다른 사람과 비교하지 않고 나만의 속도를 존중한다.					
	5	나는 내가 가진 꿈과 목표를 이루는 능력이 있다고 생각한다.					
감정 표현과 조절	1	나는 슬플 때 그 감정을 숨기지 않고 표현할 수 있다.					
	2	나는 내 화나는 감정을 평화롭게 조절할 수 있다.					
	3	나는 내 기분을 누군가에게 설명하는 것이 어렵지 않다.					
	4	나는 다른 사람들에게 도움을 요청하는 것이 부끄럽지 않다.					
	5	나는 기쁜 일이 생기면 내 기쁨을 자유롭게 나눌 수 있다.					
대인관계와 소속감	1	나는 친구들이 나를 좋아한다고 느낀다.					
	2	나는 친구들과 의견이 다를 때도 대화를 통해 해결할 수 있다.					
	3	나는 다른 사람에게 도움을 줄 때 기쁨을 느낀다.					
	4	나는 다른 사람에게 거절당해도 내 가치를 의심하지 않는다.					
	5	나는 가족, 친구, 선생님과의 관계에서 따뜻함을 느낀다.					

자기 동기와 성취감	1	나는 내가 하는 일이 잘못되어도 자신을 격려한다.					
	2	나는 새로운 도전을 시작하는 데 두려움이 없다.					
	3	나는 실패해도 배우는 점이 있다고 생각한다.					
	4	나는 작은 성공이라도 스스로 칭찬할 수 있다.					
	5	나는 내가 원하는 목표를 스스로 세우고 노력할 수 있다.					
세상과의 관계와 행복감	1	나는 내가 속한 세상에 소속감을 느낀다.					
	2	나는 내 주변 사람들에게 긍정적인 영향을 줄 수 있다고 생각한다.					
	3	나는 나의 삶이 가치 있다고 느낀다.					
	4	나는 나의 목소리와 의견이 중요한 의미가 있다고 생각한다.					
	5	나는 지금의 나에게 감사함을 느낀다.					

점수 해석

- 100~125점: 아이가 자존감이 매우 높고 자신과 주변에 대해 긍정적인 태도를 유지하고 있음. 성장 과정에서 강점이 될 가능성이 높음.
- 80~99점: 아이의 자존감이 건강한 수준이며 상황 대부분에서 자신감을 보임. 다만 특성 영역에서 자신감 강화를 위한 지원이 필요할 수 있음.
- 60~79점: 자존감이 중간 수준으로, 내면적인 고민이나 대인관계에서 불안감을 느낄 수 있음. 정기적인 지지와 격려가 필요함.
- 60점 이하: 자존감이 낮고, 자기 인식이 관계에서 어려움을 겪을 가능성이 높음. 심리 상담이나 전문적 개입을 권장.

심층적인 자존감 체크리스트는 표면적인 질문에서 벗어나 아이의 내면세계, 감정, 자기 인식, 타인과의 관계, 그리고 삶에 대한 태도를 깊이 이해하는 데 중점을 둡니다. 어린이와 대화하며 깊이 있는 질문과 상호작용을 통해 아이의 실제 감정을 더 잘 이해하는 것이 중요합니다.

(응답 척도:
1 = 전혀 그렇지 않다, 2 = 거의 그렇지 않다, 3 = 보통이다, 4 = 약간 그렇다, 5 = 매우 그렇다)